LOS 3 ÁRBOLES DEL DINERO

SECRETOS DE RIQUEZA VERDADERA

RAIMON SAMSÓ

EDICIONES
INSTITUTO EXPERTOS

1ª edición: enero 2020

© 2020, Raimon Samsó (Reservados todos los derechos para la edición en audiolibro, ebook y papel)

Foto autor contracubierta: Berta Pahissa

Foto autor interior: Cristina Gabarró

Corrección: Enrique Fuentes

Diseño cubierta: Ryan Lause

Ediciones Instituto Expertos®

C/ Príncipe de Vergara 109 2º2º. Madrid 28002, España.

ISBN (versión de papel): 9781699105658

EDICIONES
INSTITUTO EXPERTOS

La transformación es superior a la información. Escribo y publico libros que transforman vidas.

No me conformo con libros que informen de algo que se olvidará —en su mayor parte— a los pocos días.

Pretendo la transformación del lector que, al convertirse en lo aprendido, nunca olvidará lo leído. No porque lo recuerde sino porque lo es.

Raimon

A mi hijo Pol.

Allí donde está él, está mi corazón

ÍNDICE

INTRODUCCIÓN

Existen muchos libros sobre riqueza pero no cuentan toda la verdad.

La mayoría proponen esquemas de riqueza rápida y fácil, que no funcionan (ni siquiera para su autor). Y otros convierten la vida en un infierno de listas inacabables con tareas que no atacan la raíz del problema.

Solo una minoría de libros sobre el dinero son realmente recomendables y están escritos por personas que han conseguido buenos resultados aplicando lo que predican.

Creo que la mejor forma de saber si un libro es bueno, y si sus tesis funcionan, es examinando al autor. Los hechos no mienten. Antes de centrarte en el mensaje, echa un vistazo al mensajero.

Voy a acompañarte durante esta lectura en el viaje a la riqueza verdadera (completa, sostenible y duradera) para lo cual me valdré de la metáfora de los tres árboles del dinero.

He trabajado para tres grandes bancos españoles y tres multinacionales. Un día, seguro de que allí no encontraría mi estilo de vida ideal, dimití. Empecé de cero como autor. En poco más de veinte años he escrito 30 libros, varios de ellos sobre el dinero...

El Código del Dinero

Dinero Feliz

D.I.N.E.R.O.

Rica Mente

Manual de Prosperidad

... y ahora, el presente libro.

Hay escritores pobres, la mayoría, y hay escritores ricos, la minoría. Desde el principio me enfoqué en ser un escritor rico, nutriendo mi mentalidad de hombre de negocios. Soy ambas cosas, escritor y empresario. Hoy en día, mis regalías me han hecho financieramente libre para el resto de mi vida. Adicionalmente, he incursionado en el mercado inmobiliario y en el negocio de la formación, como afición.

¿Hace falta un nuevo libro sobre el dinero? Tal vez ya se ha escrito lo suficiente sobre este asunto. ¿No está todo dicho? Puede que sí, pero mientras la pobreza sea un mal común vale la pena intentarlo de nuevo.

INTRODUCCIÓN

La razón para escribir este libro es resumir lo que muchos de mis lectores me han pedido: "Raimon, dame tu mejor consejo para la riqueza". Como sintetizarlo en una idea no es sencillo, decidí seleccionar mis tres mejores consejos para una vida próspera y abundante. solo tres, pero los más poderosos. Si vas a seguir solo tres de mis consejos desarrollados en mis libros sobre riqueza, por favor, que sean los tres que revelo aquí.

Este libro podría ser la continuación de mi *best seller*: "El Código del dinero" (Ediciones Obelisco) porque incorpora lo que he aprendido en los últimos años. El presente material es una nueva mirada al dinero y sentí la necesidad de compartirlo por el increíble poder transformador de las tres semillas de riqueza extrema que te revelaré.

Sé por experiencia que emprender y crear un negocio implica tocar muchas teclas a la vez. Tal vez demasiadas, y eso resulta agotador. Pero ahora sé que la causa de todas las causas de la riqueza es mucho más simple. Este libro sintetiza el complejo proceso de crear riqueza con solo tres "impresiones mentales" que se desdoblan en "21 claves para la riqueza extrema".

Después de muchos años, con varios libros escritos, de enseñar sobre libertad financiera, ingresos pasivos, marca personal, emprendimiento, riqueza ética y consciente..., he decidido sumar un libro adicional para cerrar el círculo.

Un libro que me permite responder a lo que tanto me preguntan: el secreto número uno de la riqueza. De modo que, si nos encontramos tú y yo en un ascensor y me preguntases: ¿Qué hace rica a una persona?, en apenas unos segundos te entregaría tres semillas de riqueza verdadera, abundante y duradera.

Las tres semillas son, de largo, lo que me ha proporcionado mejores resultados financieros en mi profesión. Y solo llegué a ellas cuando estaba ya agotado de probar, de trabajar jornadas extenuantes, y de esforzarme mucho en mil y una estrategias. Cansado, y apunto de abandonar, pedí "otra manera de ganar dinero", y lo que recibí es lo que te revelo en este libro.

Mis tres secretos de riqueza extrema pueden parecer ingenuos, simples e inútiles, pero no te confundas por las apariencias… Lo sencillo tiene un poder superior. Funcionan siempre, tal vez porque ni siquiera son míos, los he aprendido de las tradiciones de sabiduría ancestrales y de mis maestros.

Acudí a fuentes de sabiduría como el budismo y la cábala. Estudié textos de los autores del *New Thought* y de la mística occidental. Exprimí sus hallazgos hasta sintetizarlos. Luego, experimenté en mi economía y me dio resultados. Mi agradecimiento a tantos y tantos autores de quienes aprendo, por mencionar algunos: Yehuda Berg, Michael Roach y John Randolph Price cuyas enseñanzas practiqué para sintetizar un método para la riqueza extrema.

Como he estudiado a los grandes gurús del dinero, y aprendo rápido, he resuelto mis asuntos financieros aplicando los mismos principios inmutables que contiene este libro. Resolví mis asuntos de dinero para el resto de mi vida, y a día de hoy, vivo libre de la preocupación de buscar sustento para mi familia y para mi retiro.

Simplemente apliqué lo aprendido y funcionó; pasé de cero ingresos a la libertad financiera y quiero ofrecerte este conocimiento, porque sé que funcionará también para ti.

Desde pequeños hemos escuchado afirmaciones como: "El dinero no da la felicidad", "El dinero estropea a las personas", "El dinero no crece en los árboles", "El dinero no te lo regalan", "Ganarás tu pan con el sudor de tu frente", "No soy rico porque no quiero", "Pobre pero honrado"…, y otras afirmaciones aún más deprimentes, que revelan la desesperanza de quien está programado con economía de pobre.

Como todos damos fe de nuestras creencias en nuestros comportamientos, aquellos que creen en la escasez se convierten en apóstoles de la pobreza y lo transmiten a otros, dando pie al mito de la escasez. Hoy nadie sabe de dónde procede la superstición de la escasez, pero lo cierto es que casi todo el mundo cree en ella.

En este libro voy a revelarte tres árboles donde crece el dinero. Y todos podemos cultivar, en nuestro jardín interior, este tipo de árboles que nos nutren de prosperidad y abundancia.

Vas a recibir tres semillas que van a cambiar tu economía (si las siembras en tu mente y las riegas en tu mundo). Prosperarás sin tener que luchar por tu sustento.

Vas a aprender a plantar los tres árboles del dinero en tu jardín. Y, créeme, podrás vivir muy bien el resto de tus días de los frutos de esos tres únicos árboles.

Vas a resolver tus asuntos financieros, saldrás del área de supervivencia y pasarás a la de trascendencia.

Solo por estas tres razones vale la pena leer este libro, aplicarlo, conectarte con el dinero y pasar a otra cosa. En el proceso, notarás cómo tu energía asciende de los *chakras* inferiores a los superiores, que son la puerta a tu espíritu.

No puedes pedirle peras al olmo, o naranjas a un limonero, eso es cierto; pero desde luego puedes pedirle riqueza al "árbol del dinero". El dinero es el fruto de una semilla y en este libro conocerás tres semillas para cosechar la verdadera riqueza.

A medida que vayas pasando las páginas, te embargará la sensación de familiaridad con lo que lees, debido a que estás recordando y confirmando lo que ya intuías, pero que ahora ves expresado de un modo claro sobre el papel.

Cualquier persona versada en el arte de cultivar la tierra conoce la "ley de la siembra y la cosecha". Es muy sencilla y clara, funciona todas las veces y, de modo muy simple, enseña lo siguiente: obtienes lo que entregas. Por desgracia, demasiada gente espera un resultado que no ha sembrado; o peor aún, ¡espera recoger un fruto distinto a la semilla sembrada!

Así como la naturaleza está gobernada por las leyes inmutables de la vida, todo lo que ocurre entre el nacimiento y la muerte también sigue un patrón causativo. Y la riqueza, como tantas cosas, no es más que un acontecimiento fenoménico cuya causa metafísica hay que identificar.

Que no conozcas las causas de la riqueza no significa que no existan.

Sé que muchas personas no consideran el dinero un asunto espiritual, pero quisiera que tuvieras muy claro que en este mundo no hay nada que no proceda del sustrato espiritual donde fue concebido y, por tanto, plantado. Para mí todo es amor, incluido el dinero.

El dinero es amor.

Nada sucede al azar, ningún efecto carece de causa, y nada sucede por su propio lado. De eso estoy seguro. Y así como todo fruto proviene de unas semillas mentales, la riqueza proviene también de unas semillas mentales.

Este libro está estructurado de la siguiente manera: tres capítulos principales, los impares, que contienen las tres semillas de los tres árboles del dinero. Cada uno de estos tres capítulos contiene, a su vez, siete esquejes de riqueza para implantar en tu mentalidad. En total, encontrarás 21 claves o esquejes de riqueza. Los suficientes como para revolucionar tu economía.

Los conceptos principales se repiten a propósito. El aprendizaje se basa en la aplicación y la repetición. Comprobarás que desarrollo las ideas centrales aquí y allí, de una manera y de otra, con la esperanza de que se graben en tu mente. Este libro es la programación mental para la riqueza verdadera.

Dado que los capítulos pares son de aplicación, cubren muchos de los temas que se detallan en el capítulo anterior. Siéntete libre de leerlo o echarle un vistazo para ampliar la comprensión, pero si crees que es repetitivo, pasa al siguiente. No obstante, la repetición es la madre del aprendizaje.

Si implantas los vetiún esquejes o claves financieras, prepárate para la riqueza extrema. Los encontrarás en los tres capítulos secundarios que contienen los aspectos prácticos para sembrar las tres semillas. Escenifiqué diálogos en tono humorístico con Álex, un personaje ficticio que representa muy bien al promedio de las personas que tienen problemas con el dinero. Si reconoces en él a personas que conoces, por favor no te rías.

Puedes leer el libro en el orden que gustes; si lo deseas, puedes empezar con los tres capítulos principales que presentan los principios de las tres semillas y, una vez hecho esto, pasar a los tres capítulos prácticos para su aplicación.

¿Listo para las tres semillas (impresiones mentales) y los veintiún esquejes (estrategias)?

¿Aún piensas que el dinero no crece en los árboles?

Sí, lo hace. Y ahora te descubriré cuáles son los tres árboles en los que crece el dinero.

Solo da vuelta a la hoja.

Raimon Samsó, autor.

EL PRIMER ÁRBOL DEL DINERO

> **Primer secreto de riqueza verdadera**: *Toda riqueza proviene de uno mismo y no de los demás. Pues solo uno mismo puede darse o quitarse todo a sí mismo. Tu dinero eres tú".*

CLAVE 1: NO BUSQUES LO QUE YA ES TUYO, NI PIDAS LO QUE YA TIENES

¿Te has preguntado alguna vez de dónde proceden tus ingresos? No, no es de tu banco, ni del banco de tus clientes... Desafortunadamente, hemos aprendido a atribuirlos a alguien diferente de nosotros:

- Me lo dieron.
- Me lo gané en el trabajo.

- Lo heredé.
- Lo recibí de un cliente.
- Lo conseguí en un negocio.
- Lo gané en las apuestas.
- Es fruto de una venta.
- Me pagaron una comisión.

Y parece que siempre proviene de alguien. Pero es hora de entender que tus ingresos son "impersonales", no provienen de ninguna persona diferente de ti. En realidad, no proceden de nadie.

Porque... tú eres tu propio dinero.

Como lo lees. Tú eres toda la riqueza deseando expresarse en el mundo material como moneda de curso legal. Mira tu billetera con nuevos ojos y reconoce la Fuente abundante abasteciéndote financieramente. Exígete a ti mismo tu herencia Divina y reclama la deuda que te corresponde cobrar.

Recuerda cuando necesites ingresos que no los consigues de nadie más que no sea de ti mismo. Tu efectivo procede siempre de ti. Las personas que te lo entregaron solo son mensajeros de la Fuente, el origen de toda prosperidad.

 Entrega tus necesidades y preocupaciones sobre el dinero a la inteligencia que te mantiene vivo. Y esta las cubrirá".

RAIMON SAMSÓ

Si buscas dinero en tus semejantes, te niegas el suministro abundante e infinito. Cortas el flujo con la prosperidad. Te arrebataste el poder mediante el esfuerzo y lo has entregado. Cuando sitúas el don de crear abundancia fuera de ti, te lo niegas.

El poder no requiere ningún esfuerzo.

Los demás, quienes parecen dártelo, solo actúan como mensajeros, son intermediarios. No les confundas con el origen de la riqueza, que eres tú. Cuando te devuelves el dinero que te debes, quienes te pagan actúan como notarios de la cancelación de un préstamo contigo mismo.

Decimos a menudo: "Quiero lo mío". Nada me parece más razonable (todo el mundo quiere "lo suyo"), el error está en que andamos pidiéndoselo a otros. ¿No es extraño? De entrada, habrá que remediarlo con pedirnos más a nosotros mismos. Mucho más. Tal vez, entonces, dejásemos en paz a los demás con nuestras necesidades.

Demasiada gente hace responsables a otros de sus propias necesidades.

Fíjate en esta cita de Epicuro: *"Es absurdo pedir a los dioses lo que cada uno es capaz de procurarse por sí mismo"*. Lo sabían hasta en el pueblo de Samos, Grecia.

En efecto, nadie te da nada, todo te lo entregas a ti mismo a través de ellos. Cuando entiendes la profundidad de esta afirmación, ya no te sientes vulnerable, necesitado, dependiente.

Sabes que estás al control de tu suministro abundante porque tú te das tu propio dinero.

Entonces empieza a ser obvio que:

1. Nadie puede darte lo que ya posees.
2. Nadie puede perder lo que es suyo.

Te propongo aplicarte el principio de la *Suficiencia Total*, un paradigma que cambiará tu economía si decides ver las cosas desde esta nueva perspectiva. Juntos vamos a descubrir el origen de la riqueza...

CLAVE 2: LA RIQUEZA NO PUEDE VENIR DEL MUNDO

Sí, no procede del mundo, aunque se manifieste en él. La abundancia es real y por tanto ha de provenir de la realidad. Tiene que venir de ti, de tu ser esencial. No hay otra posibilidad. Ahí afuera solo está el Uno jugando al juego de las identidades (separación).

Cuando escuchas una música que te agrada, percibes belleza en sus notas, armonía en su estructura y emoción en su letra. Después la compartes con alguien más, quién se muestra indiferente al escucharla y te dice que no le gusta; o peor, que la encuentra pésima.

¿Qué ocurrió? ¿Dónde se esfumó la belleza? ¿Dónde está la magia que tú sientes? ¿En la canción o en ti? Ahora sospechas que debe tratarse de ti porque la otra persona no la disfrutó. A lo que quiero llegar, entiéndeme, es que la belleza que sientes no está en la canción, está en ti. La música solo te devuelve lo que ya es tuyo.

De hecho, un tema musical no es más que una combinación de sonidos y silencios. Ruido, silencio, ruido, silencio...,un código binario. Es información, vibración. La música no te emociona, tú te emocionas cuando suena porque la emoción eres tú. Procede de ti. Si llevamos esta metáfora a personas que comparten una misma profesión (o negocio), pero con diferentes resultados, se deduce que el éxito ha de deberse a ellos mismos. No a lo que hacen ni a su negocio.

¡Oh!, apuesto a que nunca lo habías visto de este modo. En resumen:

- La belleza del cuadro está en ti.
- La armonía del concierto está en ti.
- La emoción del verso está en ti.

Tú proyectas y el mundo adquiere un sentido concreto de acuerdo a tu proyección. Del mismo modo, tu situación financiera es una representación exacta de tu conexión con la abundancia.

> La perfección de este planeta es fruto de una inspiración del Espíritu. ¿Con esa creatividad qué no conseguirías?".
>
> RAIMON SAMSÓ

El dinero eres tú (este decreto me vuelve loco).

¿Cuánto dinero? Eso es cosa tuya.

No lo achaques más al comercio con las cosas o a la prestación de servicios a otros. Todo ello no son más que vehículos por donde transita tu dinero cuando reconoces y honras tu esencia divina (el origen de tu economía).

Todo procede de la Fuente, de la Divinidad, del Absoluto, de la Presencia o Consciencia que suministra a todo aquel que se reconozca parte y en conexión con ella. Y cuanto más intensamente te reconozcas como parte del todo, más afluente será tu vida.

Recuerda:

1. Nadie te da nada (eso es cosa tuya).
2. Nadie te quita nada (eso es cosa tuya).

Es momento de aclarar el origen de nuestro suministro abundante.

CLAVE 3: EL ORIGEN REAL DE LA ABUNDANCIA

Empiezas a intuir que la causa de la riqueza no es material, y que la conexión con la Fuente es el meollo de la cuestión.

Quisiera que entendieras que el dinero no proviene de lo que hacemos, ni de para quién lo hacemos, sino que afluye de quienes somos. La abundancia utiliza diferentes vehículos para entregarnos lo que ya es nuestro, sin que importe demasiado quién o qué lo pone en nuestras manos. El destino encuentra muchos mensajeros para que recibamos la prosperidad.

El eco no proviene de la montaña, como la riqueza no proviene de:

- Un trabajo.
- Un negocio.
- Un golpe de suerte.
- Un regalo.
- Una herencia.
- Una inversión.

Porque de donde proviene siempre es de uno mismo, de la Fuente que es la esencia del ser, del que interpreta el perso naje que crees ser. Cada vez que miras el mundo y te preguntas cuándo y cómo te proporcionará riquezas, te estás equivocando de interlocutor. Es a ti a quien has de dirigirte y preguntarte. El mundo no puede darte nada que tú mismo no te concedas. Es la ley.

Nadie es el suministro de nadie. Y aunque el vehículo de tus ingresos toma formas diferentes, todo te lo proporcionas a ti mismo a través de los demás.

De modo que no busques dinero en otras personas. Ni vuelvas a decir: "Dios mío ponme dónde está el dinero". Eso es absurdo. Mejor, establece tu conexión con tu naturaleza Divina, por ejemplo meditando. Y desde el centro de tu Ser, reclama lo que es tuyo. Porque allí donde estés, está tu suministro abundante.

Por eso nadie te da nada, todo te lo das a ti mismo.

Por eso nadie te quita nada, todo te lo quitas a ti mismo.

Cuando entiendes cómo funciona, dejas de suplicar, de pedir, de regatear, de robar..., de estafarte. Ya no eres un pedigüeño, sino el manifestador de tu abundancia (la cual bendice al mundo). Porque al ser un ejemplo de prosperidad, inspiras a otros a conseguir lo mismo.

El Universo está tratando de que recuerdes tu naturaleza abundante cuando enfrentas situaciones difíciles. La vida aguarda tus decisiones. Porque todo este asunto se reduce a una cuestión identitaria: descubre quién eres y conocerás tu potencial financiero escondido.

> La riqueza externa proviene del suministro interno".
>
> RAIMON SAMSÓ

Imagino que alguien te convenció de que la pobreza es inevitable, y le creíste. Desde ese momento, te desvinculaste de la Fuente y pasaste a renunciar a tu poder innato de manifestar abundancia. Ha pasado mucho tiempo desde entonces y las cosas te parecen normales siendo como son ahora.

Como comprobaste que la mayoría a tu alrededor piensa eso mismo, reafirmaste tal percepción. Ingresaste en "el club de la lucha por salir adelante" que se afana por conseguir lo suyo pero que expulsó fuera de su alcance.

El inconsciente colectivo de la humanidad limitó lo ilimitado.

Desde entonces, olvidaste tu relación con la Fuente del suministro abundante. Y en consecuencia, los asuntos financieros son difíciles y arduos. Lo son al menos para todos aquellos que alimentan esta fantasía.

A tu alrededor oyes a menudo: "No hay para todos". Pero que ellos no consigan dinero no significa que no esté disponible. Simplemente desconocen el origen de la riqueza extrema. Su experiencia es de carencia porque son ricos que se creen pobres.

A fuerza de repetirlo, todos acaban asumiéndolo. Y así las cosas no hacen más que empeorar. Todo se convierte en una lucha de todos contra todos, en donde existen más probabilidades de perder que de ganar.

Recuerda, el único problema es que olvidaste que tú eres tu dinero. De modo que desconoces que eres tu propio suministro.

Tiene que quedarte muy claro que...

CLAVE 4: ERES LA CAUSA DE TODO EN TU VIDA

¿De quién proviene todo? Siempre de ti. Los demás son solo el vehículo para que llegue a ti lo que es tuyo. Tus ingresos son en realidad tu dinero que regresa a ti.

Este primer principio de riqueza es el más difícil de aceptar pero el más importante. Solo cuando lo integras, el orden natural se restablece y la prosperidad financiera puede fluir en tu vida. Implica que eres responsable de cuanto acontece en tu experiencia, ya te guste o no. Y la aplicación de este principio universal a las finanzas es: tú eres tu dinero.

Eres la única causa de tu prosperidad. De ti proviene todo lo que te bendice o maldice en el mundo. Recordar y respetar este principio solo aumentan los dones que recibe cada persona de sí misma.

La riqueza material es solo un reflejo de la abundancia espiritual. Tu Ser es tu abundancia; vive desde ahí y rechaza todo lo que parezca negarla.

> Entender tu abundancia infinita como tu suministro es tu lección. Y la mayor herencia que puedes dejar a tus hijos".
>
> RAIMON SAMSÓ

El suministro llega gracias a los demás que son el Uno, nadie da nada entonces, el Uno se provee a sí mismo aun cuando pareciera que fueran muchos.

¿Conoces la Ley de la Sintonía? Cuando sintonizas con el Ser divino, con la Fuente... nada ha de faltarte, y en la abundancia estarás al margen de las vicisitudes mundanas. Cuando entiendes que la conciencia es la causa de tu mundo, trabajas en elevar tu conciencia y no en "reparar" tus finanzas. Vas a *la madre del cordero*.

A nivel interior ya tienes todo, no hay necesidad, ni imperfección. Eres un Ser completo, perfecto. No hay nada malo en ti, tampoco en el mundo. A nivel exterior, experimentarás y manifestarás lo que tú mismo te concedas, porque es tu elección. El mundo de la materia está a tus órdenes (pero no a las de tu ego).

En la naturaleza del ser humano está la abundancia en todos los órdenes. Negarla es ir en contra de la ley natural, es abrir una lucha contra una fuerza poderosa. Ello tiene una consecuencia directa e inmediata: puesto que todos los humanos compartimos la misma naturaleza, entonces es razonable asumir que lo que puede conseguir un miembro de la especie lo conseguirá cualquier otro.

No hay favoritos. Somos igual de abundantes. Y cada cual ejerce ese poder, o se lo niega, a voluntad.

Encontrarás muchas personas que niegan la relación entre el espíritu y la materia. De hecho, negarán la existencia de espíritu porque lo reducen todo a la dimensión material. Son seres desvinculados que se afanan en conseguir resultados y, aun así, siempre andan escasos.

Viven una extraña adicción materialista. Adoran la forma y caen en su hipnosis. Es lo que se conoce como la "superstición materialista". Se conducen por la codicia, buscan el dinero por el dinero, y nunca tienen suficiente. Están dominados por la avaricia.

En el otro extremo, están los "buscadores espirituales" que menosprecian el dinero, pero se desesperan por conseguirlo. Como no saben cómo ganarlo, a menudo hablan mal del dinero y de quienes sí saben ganarlo. La soberbia de su "ego espiritual" les separa de la Fuente y se privan de lo que rechazan. Están resentidos porque son muy "espirituales" pero siempre están *sin blanca*.

Lector, repudiar o codiciar el dinero son dos expresiones extremas de pobreza mental. Cuando una persona reconoce que ella misma es su propio dinero, no se ataca a sí de ninguna de esas dos formas tan lastimosas. Entiende que la riqueza es natural.

Entonces, tal vez te preguntarás: "si la escasez no es una fatalidad, o un castigo de Dios, ¿de dónde proviene?". Sígueme con atención para descubrirlo...

CLAVE 5: LA POBREZA Y LA FALTA DE AUTOESTIMA VAN DE LA MANO

La escasez es solo el olvido de nuestra verdadera naturaleza. Cuando alguien piensa que la escasez es real o inevitable, en realidad, ignora su ADN espiritual, su poder creativo y, por ende, su naturaleza real. No se conoce a sí mismo y, en consecuencia, no se ama. Se castiga con la escasez.

Y hay muchos modos de castigarse debido a una baja autoestima:

- Ser tacaño (no darse su propio dinero).
- Endeudarse con deuda mala.
- Gastar más de lo ingresado.
- Aceptar salarios por debajo de la valía.

La epidemia de baja autoestima que azota el planeta no es por falta de amor, sino por falta de autoconocimiento. El dinero no nos tratará bien si no nos tratamos bien a nosotros mismos.

La humanidad sufre amnesia acerca de su identidad y vaga por el planeta pidiendo limosna cuando es rica. Resulta extraño ver pedir a otros lo que deberían exigirse a sí mismos. Es como si un león muriera de inanición por no atreverse a ejercer su rol de primer depredador en la cadena alimenticia en la selva. Es una lástima que el ser humano haya dimitido de su origen divino. Son una manada de leones hambrientos.

Los pensamientos de escasez provienen de un ego, o identidad inventada. Así como ese "yo" es irreal, también son falsos todos sus juicios. La escasez es ilusoria porque la inventó una identidad.

Desde el Ser no hay nada semejante a la carencia, la necesidad, o la pobreza... Cuando te amigas con el dinero te estás relacionando con tu esencia abundante. Sales de tu economía pobre. Entras en tu economía rica. Ya con eso tienes la vida resuelta, tu nueva mentalidad te acompaña siempre en todo lo que haces con *el toque de Midas*. ¿Imaginas tener la vida resuelta? Consíguelo cuanto antes porque te aseguro que te da una tranquilidad que te permite enfocarte en lo importante.

En la realidad esencial, solo existe la abundancia en todos los órdenes. Sin graduación, sin limitación, sin exclusión.

Del mismo modo que tenemos la facultad de ser prósperos, somos también abundantes en distintas maneras de negarnos la riqueza. El mago tiene el poder de la magia, incluido el poder de negársela a sí mismo. Dicho de otro modo: el pobre es rico en pobreza. Pero no puede dejar de ser rico, incluso de lo que no desea, que es la pobreza.

Rico de pobreza o rico de riqueza, tú eliges, pero habrás de elegir una de esa dos riquezas.

 Darás realidad a aquello que sea verdad para ti: o bien la riqueza o bien la pobreza porque el mundo está a tus órdenes".

RAIMON SAMSÓ

No hay nada que lograr que no proceda de la Fuente de todas las cosas. Poner atención exclusiva en los efectos implica desconocer las causas que lo harán posible. La causa de todas las causas es la Fuente del universo material.

La pobreza es auto exclusión de la abundancia natural. Es enfocarse en los efectos en lugar de las causas. Es el olvido amnésico de la esencia divina que abastece al mundo. Cuando esa conexión se niega, aunque nunca puede perderse, se sale del estado de Gracia y se entra en otro de desgracia.

Nunca olvides que el mundo material es solo un "juego de rol" diseñado en tu mente. Es allí donde se desarrolla la partida financiera. Lo que ocurra allá afuera es una animación para que entiendas en qué nivel de conciencia operas. Tu pobreza o tu riqueza en el mundo son metáforas escenificadas en tu cuenta bancaria para que gradúes tu "termostato mental": de economía pobre a economía rica.

Ahora estás listo para asumir el siguiente principio: si sufres problemas de dinero, significa que sostienes una visión falsa que se manifiesta como un problema financiero en tu mundo. Vas en contra de tu propia naturaleza.

Por suerte, este libro va a elevar tu percepción. Tu rehabilitación financiera consiste en regresar al estado natural de abundancia extrema. Solo necesitas tener presente una ley muy fácil de comprender...

CLAVE 6: LA LEY DE LA CAUSA Y EL EFECTO

Esta ley se conoce también como la *Ley de la semilla*: recoges lo que siembras. La naturaleza respeta esta ley, los agricultores la respetan también... Y tú, ¿respetas esta ley?

Así es como funciona:

1. *Intención*: Vas a por las semillas. En la fase uno, imaginas un resultado, activas el deseo o la fuerza que mueve el mundo, planeas.
2. *Acción*: Plantas las semillas. Es la fase dos, actúas,

trabajas, imaginas, activas causas, y unas funcionarán y otras no.

3. *Entrega*: Esperas a que la naturaleza haga su trabajo. En la fase tres, ya has hecho todo lo que está en tu mano. Ahora solo queda ponerse a disposición de la providencia, esperar y observar.

4. *Cosecha*: El fruto madura en su momento óptimo. Es la fase cuatro, recibes en correspondencia a tu intención, acción y entrega. Cuanto más te aplicas a ello más recibes.

En la primera fase toda intención en asuntos de dinero crearán un *karma* financiero. En la segunda solo algunas acciones fructificarán y darán rédito. Y en la tercera fase actúa un poder mucho mayor que el tuyo.

Como la expresión sánscrita *karma* se malentiende, me gusta usar el sustitutivo: "impresiones mentales" que no dejan de ser semillas que germinan...

Las personas abundantes conocen las causas y les dedican su atención, tiempo y energía. Como han dado con "la causa de todas las causas", nunca habrá de faltarles nada.

Y en el caso de que lo pierdan todo, vuelven a obtener la riqueza perdida; saben recuperarse. Están conectados con la abundancia. No necesitan ser espirituales, ni religiosos, ni haberse graduado en ciencias económicas... con no estar reñidos con el dinero es suficiente.

Es preciso entender que en un mundo de efectos (materiales) lo que importan son las causas (conciencia) porque ellas determinan el curso de los acontecimientos. Y el dinero no escapa a este patrón.

Quien pretende obtener algo en el mundo, poco consigue; pero quien sabe que moldea su realidad, obtiene lo que se propone.

> Enamorarse de los efectos es fácil, lo interesante es enamorarse de las causas".
>
> RAIMON SAMSÓ

¿Qué es una dificultad económica? Una oportunidad para deshacerse de la escasez para siempre. Una lección valiosa para descubrir la verdadera identidad. Es un punto de inflexión para pasar de la carencia a la abundancia con una única condición:

- Asumir la verdadera identidad.
- Restablecer la conexión interior.
- Permitir la expansión de la abundancia.

No le des importancia a lo que ocurre ahora en tus finanzas, ahí no existe ninguna causa ni solución. Todo se dispone desde tu mundo interior o conciencia (mentalidad). Ahí afuera no hay nada que mejorar salvo algunos hábitos, te hallas ante un lienzo en blanco en el que tú escribes la cifra que vas a ganar.

Olvida los efecto y pasa a centrarte en las causas. Y la causa de tu situación financiera eres tú. O mejor aún, la Fuente de todo opera a través de ti. Colabora y deja de hacerlo todo a tu manera y por tu propio lado. Dispones de otro modo que funciona mejor.

Recuerda que la Fuente desea satisfacer todas tus necesidades y aún más. Permite que guíe tu actividad financiera afluente utilizando como vehículos a otras personas que te devolverán lo que ya es tuyo.

Todo lo que precisas para la riqueza extrema ya está incluido en tu equipamiento de serie. Tu espíritu es completo, perfecto y abundante: conéctate con él.

Mientras lees esto, sientes que es tan obvio que no te explicas cómo has podido olvidar algo tan importante. Lo pasado, pasado está. Apela al Todo y no delegues tu bienestar económico en lo que haces o dejas de hacer. Imagina tener en casa un cajero automático (ATM) para dispensarte todos los billetes que necesites. Vamos, una impresora 3D de hacer dinero al por mayor...

CLAVE 7: DONDE SE CREAN TODAS LAS COSAS

¿Y cómo activar la fuente del suministro abundante de dinero? Vamos a entrar hasta la cocina del universo donde se prepara un banquete para ti. El chef trabaja con dos ingredientes que se combinan:

1. Estrechar tu relación inseparable con tu esencia divina. Desde el autoconocimiento, introspección, meditación, *mindfulness*, disolución del ego...
2. Compromiso en servir y ayudar a tus semejantes a conseguir lo que sea que quieran. Resolviéndoles grandes problemas.

Cuando proponía esto mismo a mis clientes, algunos me argumentaban que tenían prisa por ganar dinero, me pedían que nos saltáramos esta parte (punto 1). Pero eso sería tanto como boicotear el proceso prosperidad.

Ya he dicho que tratar de cambiar tu economía personal con el esfuerzo no tiene efectos seguros ni duraderos. Es cansino, porque todo es fruto de demasiado esfuerzo. Y de actuaciones de las que se desconoce el resultado.

Pero, ¿qué pasaría si sistemáticamente el dinero llegase, hicieses lo que hicieses? Me refiero a una riqueza automática y sistematizada. Sin sacrificios, sin esfuerzos. Eso sería como disponer de un ATM, o dispensador de efectivo, en el salón de tu casa. Conseguirías dinero a voluntad.

Si te digo que el secreto no está en copiar lo que hacen los ricos, sino en imitar sus hábitos mentales, seguramente dirás: "¡Bah! Eso ya lo he oído antes". Apuesto a que sí, pero no lo has aplicado. Y francamente, si lees más libros de riqueza es porque no has dado aún con la causa definitiva.

Permíteme presentarte ahora la estrategia de riqueza que llamo: "imaginación creativa". Es una tecnología financiera que se basa en la "ingeniería inversa" (empezar desde el final o desmontar el resultado para ver de qué demonios está hecho). La estrategia consiste en imaginar el resultado y vivir su emoción desde el desenlace imaginado (la emoción del deseo cumplido).

Y no me digas que no puedes. En el multiverso (conjunto de muchos universos) de la imaginación todo es posible, así que sí puedes.

Mantente creativo a través de tu imaginación, y nada te faltará. Ese es mi secreto, si puede llamarse así.

Creatividad = Riqueza

¿Y cómo activar el poder creativo de la imaginación? Con el diálogo interno: lo que te dices a cada instante. Tienes que aprender a hablarte de una manera mucho más constructiva. Con ser positivo de vez en cuando, no te bastará. Además, deberás incorporar la emoción del deseo cumplido en tus pensamientos acerca del dinero.

Te regalaré una buena pregunta: ¿Tu conversación interna incorpora la emoción de tu deseo cumplido? ¿Coinciden exactamente? Si es que no, tu diálogo interno contradice tu sueño y así no prosperará. Si es que sí, tus palabras son una profecía autocumplida.

Tus palabras se convierten en dinero, tu creatividad en una fábrica de fajos de billetes. Y si aún no gozas de riqueza, el mundo no se atreverá a llevarte la contraria durante mucho tiempo. Tarde o temprano claudicará, se rendirá a tu coherencia, y se alineará con tus deseos.

> La imaginación es el puente desde la intención a la realidad, es el camino de la creación de la riqueza. Mantente creativo cada día para no cortar el abastecimiento de abundancia".
>
> RAIMON SAMSÓ

En efecto, la imaginación es la vía que conecta tu *yo inferior* con tu *Yo superior*. Y cuando tu imaginación se aferra a su ideal, ninguna fuerza del mundo puede oponerse a su cumplimiento. Es el super poder que has estado buscando y que todos poseemos (aunque pocos cultivamos), y que tiene la capacidad de enriquecer tu vida.

Cuando piensas desde el final, imaginas creativamente, tu sueño y tú sois uno, os fundís. No existe el uno sin el otro..., entonces trasciendes la fantasía de la dualidad y termina el espejismo de la separación. Regresas al Uno y por ende a la abundancia absoluta.

Te regalo mi mantra financiero favorito: "Yo soy mi dinero".

"¿Cómo no lo habré pensado antes?", seguramente te preguntarás. Estabas demasiado ocupado peleándote con el inútil de tu jefe. Pero con esta información ya no puedes dejar transcurrir ni un día sin pasar por caja.

Una vez más: no vivas enfocado *en* tu ideal (como quien va de visita), mejor vive *desde* tu ideal (ya instalado allí). Acabo de plantearte un *Koan* (busca el significado en Google); y sabe que cuando lo resuelvas, resolverás todos tus problemas de dinero.

2

CÓMO SEMBRAR LA PRIMERA SEMILLA

Primera semilla de riqueza: *Toda riqueza proviene de uno mismo y no de los demás. Pues solo uno mismo puede darse o quitarse todo a sí mismo. Tu dinero eres tú".*

Si el dinero soy yo, ¿por qué no tengo dinero?

Álex formula su pregunta y después se queda mirándome con una sonrisa provocadora:

- No, aún no sabes que el dinero eres tú. De otro modo no habrías formulado esa pregunta. Estás a la defensiva desde la incredulidad. Precisas una economía rica para abrazar más dinero pero aún no la tienes. No eres lo que quieres, no te has convertido en tu deseo. Entonces, ¿cómo podrías darte lo que no sabes que tienes?

- ¿Insinúas que quiero mi premio a cambio de nada?

- Exacto. Deseas un resultado por la cara. Y antes de conseguirlo debes pasar por caja y pagar el precio completo para llevártelo. No recibes nada que no te concedas antes. Y ahora mismo, por las palabras que utilizas, adivino que hablas desde el resentimiento y la carencia. Desde el "no tengo". ¿Qué va a ofrecerte la escasez? Toneladas de nada.

- Ya, pero ¡cómo salir de ese bucle sin fin! Lo que es seguro es que de dinero voy mal.

- No puedes salir de pobre porque cualquier solución diseñada desde esa mentalidad alimenta tu problema. Deberás trascender la economía de la escasez. Y la única manera que conozco es rendirte a la situación. La aversión que sientes por tu economía te retiene pegado a ella.

- ¿Rendirme aún más?

- No más, sino rendirte de verdad. No me refiero a darte por vencido, sino todo lo contrario. Rendir tu ego a tu Ser. Entrega tu problema, reconoce que no tienes ni idea de cómo seguir. Pide otro modo de ver las cosas, y díselo con sinceridad, deja de buscar soluciones por tu cuenta, a tu manera, desde el ego, que solo empeoran el resultado. Ya lo probaste y no te dio resultado.

- Muy místico, pero yo tengo que pagar tres colegios...

- Razón de más, Álex, te lo juegas todo. Deja ya de luchar y empieza a colaborar con la inteligencia más grande del universo. Renuncia a encontrar tu propia solución y pide una *respuesta nueva. Pero no pidas la que más te gusta sino la que más te conviene.*

- Buff, tengo mucho en qué pensar, Raimon.

- Ya, bueno yo me dedico a esto.

Lector, ya has probado el camino difícil y no te ha funcionado. Haz al menos la prueba de seguir el camino de la rendición. Sé suave con las cosas que te ocurren, eso limará muchas aristas de tu ego y te convertirá en una persona que atraerá cosas buenas.

Solo no lo vas a conseguir o acaso a un precio prohibitivo. Colabora, pide ayuda, déjate guiar..., esfuérzate más en doblegar a tu ego que al mundo.

Tú ya eres tu dinero, siempre lo fuiste, y es hora de que te devuelvas lo que es tuyo. Deja de fingir que todo es difícil y está fuera de tu alcance.

Eso es una chiquillada.

Tal vez tú eres lo más difícil a lo que te enfrentarás en toda tu existencia. Tu personaje te ha estafado todo lo que echas en falta y es hora de trascenderlo. Es lo que traté de decirle a Álex y ahora te lo digo a ti también.

En la práctica: sé suave con los problemas de dinero, también con las personas. Acepta que has errado en el método. Sé humilde para reconocerlo y para conectar con tu grandeza interior. Vas a volver a empezar, pero desde una mentalidad humilde y ambiciosa. Y el dinero llegará suavemente a tu vida si le das la oportunidad.

¿Cómo voy a ser yo la causa de todo lo que me disgusta?

Hay algo muy difícil de digerir: la responsabilidad total (asumir que todo lo que experimentamos procede de uno mismo). Cuando lo aceptas, cambias la fuerza por el poder.

Cuidado, responsabilidad no significa culpabilidad. No hay en el universo semejante concepto de culpabilidad. Este escollo es el que impide a las personas a hacer cambios en su vida. No se conceden el control de sus asuntos y eligen vivir a la deriva.

- *Pero Raimon, -pregunto Álex-, ¿cómo podría ser yo la causa de mis desgracias? ¿No tengo bastante con sufrirlas que además he de aceptar que yo mismo me causo tanto sufrimiento? No puedo ni quiero creer semejante cosa.*

- *Tus actuales creencias no te han evitado el sufrimiento, ¿no? Más bien lo perpetúan. Mientras no des con la causa de todas las causas, estarás buscando enemigos por todas partes. Estás tirando balones fuera, así no se ganan los partidos.*

- *¡Pero yo no soy mi propio enemigo! no ves que no tiene ninguna lógica.*

- *Álex, el mundo no se gobierna por la lógica sino por la responsabilidad. Toda reacción proviene de una acción, y todo lo que* parece ocurrir por casualidad es fruto de una semilla que no recuerdas haber plantado.

- Todo ese rollo new age no me consuela para nada, que lo sepas.

- No quiero ofrecerte consuelo sino libertad. Cuando entiendas que has sembrado lo cosechado, empezarás a poner atención a tu siguiente siembra; y es cuestión de tiempo que empiecen a suceder cosas diferentes y deseadas. Elige las semillas apropiadas y estarás al control. ¿Tanto cuesta entenderlo?

- En lo que sí estoy de acuerdo es que encuentro cierta clase de personas que llegan a mi vida una y otra vez, de forma repetida. Me resulta curioso...

- ¡¿Lo ves?! Si te preguntaras para qué aparece la misma clase de pareja, compañero de trabajo, o de vecino... podrías encontrar un patrón causal y al corregirlo dejar de atraerles. No son tus enemigos, son los artistas invitados en tu representación: dales las gracias por hacer tan bien su papel. ¡Son tus aliados! El dinero también está ahí para mostrarte tu mentalidad. No te enfades con el dinero cuando te rehúye, te ayuda a entenderte.

- Ya te vale, ¿darle las gracias a mis enemigos o al dinero que no poseo?

- Álex, olvida la palabra "enemigo"; allá afuera no hay semejante cosa. Son aspectos de ti que no has trascendido, y aparecen para que te pongas a ello. Haz limpieza, a fondo. El dinero está deseando llegar a tu cuenta bancaria, no le bloquees *el paso con las películas mentales de tu ego. Eso es infantilismo.*

Lector, si vas a limpiar en tu vida todo lo que te desagrada, mi mejor consejo es que practiques la tecnología espiritual del *Ho 'oponopono* (expresión sinónimo de: "Lo siento, perdona, te amo, gracias"). Forma parte de una antigua tradición de la sabiduría hawaiana que te permitirá abrazar y deshacerte de todo aquello que ha parecido estar fastidiando tu vida. Dedica cinco minutos al día para sacar lustre a tus problemas con estas palabras mágicas.

No queda espacio en este libro para explicarte como funciona. Mejor busca en tu librería un par de buenos libros sobre el tema y practica el perdón indiscriminado. Verás qué cambio, es *mano de santo.*

En la práctica: empieza aplicando el *Ho 'oponopono* a la escasez, la pobreza y tus deudas. Disuelve las semillas que las crearon en tu vida. Perdona indiscriminadamente todo. Y no te machaques por el pasado, tan solo es que no sabías lo que ahora sabes. Lo hecho, hecho está; pero lo que sigue a continuación será muy diferente si ahora haces limpieza. Y además resulta muy liberador.

¿Por qué reaccionar no es la solución?

Examinas tu saldo bancario. Vas justo de efectivo, sientes miedo a no poder afrontar tus pagos, después te enfadas contigo por no tenerlo solucionado. También te enfadas con la vida por no ofrecerte más y mejor, o con tu jefe que aún no te ha subido el salario. Parece como si no recibieses lo que mereces.

Y nada de eso te funciona.

- *Exacto, Raimon -dice Álex-. Y te diré algo: si yo fuera el origen de mi pobreza ya la habría resuelto y si fuese el origen de mi riqueza ya la estaría disfrutando.*

- *No desde esa mentalidad separada, dual. Llevas tanto tiempo ahí que ni te das cuenta de todo lo que te estás haciendo. Lo que es seguro es que todo te lo haces tú a ti mismo. Ahora, te daré un remedio, un método de tres pasos para transformar tu economía.*

Ante un problema financiero:

Primero, date cuenta que una reacción de rechazo no resolverá el problema económico.

Segundo, disuelve tu reacción de aversión. Eso te permitirá que conectes con el Absoluto.

Tercero, ya estás conectado y listo para afrontar el desafío financiero. Como ahora eres Luz, aquello que decidas la expresará. Operas desde el Ser, y no desde el oponente, el ego.

-Wow, suena a ópera rock *o a musical de Broadway.*

- *Y funciona, Álex. Es la fórmula de la transformación de los cabalistas. Está comprobada. Tu próximo problema de dinero resuélvelo desde el Ser guiado por la Luz. Lo que hagas después no es tan importante como esa conexión genuina desde donde resuelves el 100% de los problemas.*

~~*Reacción*~~ *vs. Elección*
~~*Reactivo*~~ *vs. Proactivo*

¿Cuándo eres proactivo? Cuando reconoces que las cosas no te pasan, porque ves que tú estás dirigiendo tu vida. Para ser proactivo es suficiente con controlar los impulsos reactivos. Esto se consigue contando hasta diez, respirando hondo, y volviendo a elegir. Cuando pasas de un comportamiento al otro, tomas un rol activo y abandonas el rol pasivo. No te pasa nada, tú haces que ocurra todo. La reacción conduce a la oscuridad, la elección te acerca a la Luz.

El problema no es lo que parece ocurrir en el mundo de las cosas, eso es solo un efecto. La raíz del asunto está en el lugar desde el cual tratas de resolver tus problemas financieros. Cuando asumes tu poder, tus problemas de dinero se disuelven como azucarillos. ¿Por qué? Porque la Luz no tiene opuesto, de modo que nada puede vencerla. Lleva la Luz a tus asuntos, y eso bastará.

Recuerda, la reacción proviene del ego. La elección, del Ser de Luz que mora en ti. Los problemas de dinero no se resuelven reaccionando desde el ego, sino tomando nuevas elecciones desde el Ser.

En la práctica: cuenta hasta diez la próxima vez que tu economía se tuerza. Date un día entero de reflexión, y no tomes decisiones acaloradas que puedas lamentar después. Un comportamiento proactivo crea el silencio necesario para escuchar la voz interior que te guiará. Y después actúa eligiendo el camino más adecuado, aún si es el más difícil o el menos transitado.

¿Cómo encontrar el camino que conduce a un sueño?

- *Una cosa lleva otra, Álex. Mi madre decía: "Las cosas hacen cosas". Y aunque tardé en entenderlo, ahora me resulta obvio: todo lo que quiero llega hasta mí a través de una cadena de causalidades trenzadas por el Absoluto.*

- *Yo no creo en el destino, sino en la aletoriedad. Un día el Universo estallará con todos nosotros dentro -replicó Álex.*

- *Y así te va amigo... Si eso llega a ocurrir, y hasta entonces, ¿qué harás para disfrutar de esta aventura mientras dure? De eso va la vida. Va de ser Feliz, no de ganar no sé qué...*

- *Si al menos supiese por dónde empezar...*

- *Por el principio. Haz algo diferente y espera acontecimientos, verás como un paso te muestra el siguiente, sigue el hilo de la madeja y tu camino se revelará ante tus ojos como por ensalmo. Desenvuelve el regalo de la vida y descubre el orden implicado.*

- *¿Y no podría contar con el mapa por anticipado?*

- Nadie dispone de él cuando empieza, Álex. No hay instrucciones ni manual de usuario. Todas las grandes gestas empezaron con una decisión y una acción, y entonces una cosa llevó a otra, y a otra, y a otra... y entonces llegaron a lo inimaginable. Al prodigio.

- Ponme un ejemplo sencillito -Pidió Álex.

- Tú mismo, saliste un día de casa para cenar con un amigo y pasar una noche agradable. Pero, casualmente, conociste a la mujer de tu vida con la que más tarde te casaste. Las cosas importantes a veces empiezan de la forma más trivial e inesperada.

- Entiendo, es cuestión de mantenerse activo.

- Más o menos, si te mueves, tu mundo se mueve; más aún, se sacude hasta sus cimientos. Y acto seguido ocurre algo inesperado. Te daré un ejemplo real: un día me cité con una persona para evaluar un negocio conjunto. En esa reunión apareció un tercer implicado. En seguida supe que era él con quien debía asociarme, como así sucedió y no con la persona con la que me cité. Una persona te lleva a otra. Y un negocio a otro.

- Ya, ayer mismo salí a por unos zapatos y ¡acabé comprando un laptop!

- ¡Lo ves! Ya ves Álex, cómo tu ego propone y algo desconocido dispone...

El efecto: "una cosa lleva a otra" ha sido uno de los principios más importantes de mi vida. Siempre que empecé algo, terminé en algo diferente pero de mayor importancia. Por eso, cuando tengo una idea, me obligo a pasar a la acción antes de 24 horas (el principio de "acción inmediata"). No soy impaciente, pero sé que la acción me revelará el siguiente tramo del camino. Actúo para conseguir guía.

Lector, examina tu vida, y descubre cuándo ha operado este principio. Ahora ábrete a vislumbrar el camino que se despliega ante ti. No se trata de buscar "señales" por todos lados, como un paranoico, sino de bailar con la vida: unas veces llevas tú el paso (actuar), y otras te dejas llevar (fluir). ¿Cuándo hacer cada cosa? Lo sabrás sin duda.

He tratado de explicar lo que uno de los genios del siglo pasado, Buckminster Fuller, describió con la "Ley de la Precesión": Al buscar una meta, invariablemente obtenemos muchas más cosas. Y algunas de ellas serán más importantes que la buscada.

El camino que conduce a tu sueño es tu transformación. Pregúntate cómo *es* una persona que consigue lo que tú deseas; y después transfórmate en alguien parecido. Lo que buscas ahora mismo te está buscando pero no te alcanzará hasta que tú no te hayas encontrado.

- Y Raimon, dime una cosa... -preguntó Álex: los ricos que no parecen llevar una vida muy espiritual, ¿cómo se benefician de esta primera semilla?

- Bueno, no sabemos qué piensan, cómo son, ni si están recogiendo los frutos sembrados en años o existencias anteriores. Pero lo que es seguro es que son personas seguras de sí mismas, decididas, auto responsables... no sé si eso es ser "espi-

ritual" o no, pero desde luego se le parece mucho. Utilizan esta semilla de forma inconsciente pero les funciona de todos modos.

En la práctica: elige el curso de acción que te transforme más como persona; es lo que te enriquecerá más como ser humano y como persona de negocios. El camino que te conduce a la riqueza es el mismo camino que el de tu transformación. ¿En qué necesitas cambiar?

¿Cómo plantar la primera semilla de riqueza?

Organiza un acto "psicomágico" desde la teatralidad de una metáfora. Por ejemplo, trabaja con el siguiente acto simbólico o psicomágico. Abre tu billetera, saca un billete, no importa su valor, y mientras lo miras con profundo agradecimiento, repite para ti en silencio: "No te he ganado, no eras de otra persona, no puedo perderte, simplemente has vuelto a mí". Cuanto más lo sientas como verdad, más efectivo será.

Pon las cosas claras, de una vez, entre tu dinero y tú: el hecho de que lo ganes no priva de él a otras personas. No hay riqueza a costa de alguien más, tu beneficio no es a costa de otro; bien al contrario, ganas porque haces ganar. Da la bienvenida al dinero que regresa a ti.

- Raimon, si hago eso, la gente se reirá de mí. Es tan ridículo que me entra la risa solo de imaginar hacer algo parecido.

- *Estimado Álex, ¿ves cómo estás en guerra con el dinero? Pero ya es hora de hacer las paces. Sea poco o mucho el dinero que tienes ahora, hay mucho dinero que desea regresar a ti y bendecir tu economía. El dinero es energía creativa, o destructiva, según qué y quién lo crea y cómo lo maneja.*

- *Menudo sermón...*

- *Pues no he acabado. Después de aclarar vuestra relación, dile a ese billete: "Procedes de mí mismo, simbolizas la fuente de mi abundancia, representas mi creatividad y valor infinitos...". Álex, tan solo hazlo por 21 días y luego me cuentas cómo te va. ¿Vale?*

-Vale.

-Vale pues.

Vivimos bajo la hipnosis generalizada de que los demás nos deben dar dinero, porque hemos olvidado por completo que nos lo damos a nosotros mismos todas las veces. Robar implica desconocer este principio universal y empobrece a quien roba.

La pregunta es: ¿Quieres seguir como hasta la fecha o estás decidido a ser generoso de verdad contigo mismo?

En la práctica: no seas tacaño, no re regatees, no te escatimes, no te estafes... date tu dinero. Todo proviene de ti sin que necesites la limosna de nadie. Si vas a recibir dinero, hazlo a lo grande (riqueza extrema). Billetes grandes. Muchos.

Tres preguntas transformadoras:

1. ¿Estoy tratando de resolver mis problemas financieros por mi cuenta?
2. ¿Identifico la causa real de la prosperidad verdadera o solo las aparentes?
3. ¿Trabajo sobre las causas o sobre los efectos de la abundancia?

Semillas de riqueza extrema:

- *Mi herencia es la abundancia del universo.*
- *Desciendo de la prosperidad y por ello la heredo.*
- *Canalizo la riqueza de la Fuente infinita.*

Afirmación simiente:

 Yo soy la abundancia perfecta y también el canal para manifestarla".

EL SEGUNDO ÁRBOL DEL DINERO

 Segundo secreto de riqueza verdadera*: La riqueza bendice a quien mejora la vida de los demás; cuantas más vidas afecta y más profundamente, más riqueza obtiene. Servir para ganar".*

CLAVE 8: LA PROSPERIDAD ES SEGURA… SI AYUDAS A OTROS A PROSPERAR

La segunda semilla de riqueza es el embrión de la prosperidad garantizada.

¿Es eso posible? Sí, la prosperidad es segura para todo aquel que siembre la segunda semilla: procurar la prosperidad de los demás. Es decir: servir, ayudar. Y cuando lo hacemos no solo aumenta nuestra prosperidad, sino que ellos contribuyen a la nuestra.

Un día leí del cabalista Yehuda Berg lo siguiente: *"Cuando te ocupas del bienestar de los demás, la Luz se ocupa de ti"*. A Michael Coach escribir: *"Podemos asegurarnos el triunfo cuando implantamos ciertas semillas en nuestra mente asegurando el éxito de los demás"*. Y a Russell Simmons decir: *"Conseguí que muchas personas en el mundo se hicieran ricas. Gané dinero haciendo que otras personas ganaran dinero. Me hice rico ayudando a que los demás se hicieran ricos"*.

Acababa de descubrir cómo prosperar haciendo progresar a otros. ¿Cómo no prosperar si se entrega utilidad máxima?

Ahí va mi silogismo al respecto (razonamiento de dos premisas y una conclusión que es el resultado lógico que se deduce de las dos primeras): "Invertir es a ganar como servir es a prosperar". Si no existe una escuela filosófica financiera, me atribuyo su fundación en este mismo momento histórico.

 "Ayuda a conseguir a otros lo mismo que quieres tú; y lo obtendrás".

Amigo, el camino directo a la riqueza es contribuir al bien de otros. Siempre funciona. El tipo de negocio en el que se aplique este principio de "prosperidad segura" es lo de menos. El valor masivo entregado es lo que cuenta. ¿Qué mercado se puede resistir a una propuesta que enriquece la vida de sus clientes? Yo te respondo: ninguno.

Resolver problemas es la receta garantizada para tener cola en la puerta del negocio. El mundo te buscará.

Poco a poco te das cuenta de que todos estamos en el "negocio de mejorar vidas" en diferentes temas:

- Salud y bienestar.
- Finanzas y negocio.
- Relaciones y emociones.
- Mejora personal y desarrollo.
- Profesión y propósito.
- Divertimento y ocio.

Por eso tu proyecto empresarial no puede basarse en ti (o en tus necesidades). Porque no es "lo tuyo", es "lo suyo" lo que cuenta.

Como ya sabes, algo hace que todo suceda a través de ti. Es como ser gerente de una franquicia divina. Existe un método comprobado con éxito seguro. La garantía de que todo saldrá bien está en ser intermediario entre el cielo y el mercado.

Y ahora sabes que algo hace que tu dinero vuelva a ti a través de los demás. Ni tú ni yo sabemos cómo lo hace, pero qué más da, si de algún modo acontece.

Lo bueno de trabajar desde esta perspectiva es que te deshaces de un plumazo de una de las mayores rémoras en el mundo de los negocios: la incertidumbre. En la economía se suceden las crisis, recesiones y pérdidas... debido a la ausencia de certeza y al exceso de incertidumbre.

Cuando juegas el juego de la incertidumbre, participas en una lotería donde hay más posibilidades de perder que de ganar, a la larga. Si no, ¿por qué nueve de cada diez proyectos fracasan? Como nadie está seguro de qué va a funcionar, todos tiran tiros al aire por si capturan una presa.

Cuando juegas el juego de la certeza, todas las probabilidades apuntan a un único resultado, y por tanto ganas el 100% de las veces. Si no, ¿por qué encontramos proyectos que parecen bendecidos? Parecen guiados por la musa de la abundancia.

No sé tú pero a mí no me parece normal ver a tanta gente apostando (y rezando) para que les salgan los números de sus negocios. Creo que se pierden en la incertidumbre cuando deberían adentrarse en la certeza.

Con la prosperidad segura, dirás adiós al juego de las probabilidades. Se acabó la incertidumbre y las dudas. Final: a veces se pierde, a veces se gana. Vas a estar seguro de que todo va a salir bien (no es un deseo, sino una certidumbre), vas a ganar siempre (todas las veces). Porque tu negocio llevará el sello de *Made in Heaven*. Y eso es más que una garantía del 100%.

Es hora de dejar de perder el tiempo, y el dinero, en estrategias que han demostrado su inutilidad a lo largo de los siglos, y adentrarse en la prosperidad segura. ¿Cómo? Anteponiendo el objetivo de maximizar el servicio al de maximizar el beneficio.

Basta ya de "negocios" que pierden… ¿cómo puede llamarse así a un proyecto que en lugar de poner dinero en tu bolsillo lo saca y te genera pérdidas?

Acabemos con el cuento de la lechera: "El objetivo principal de un negocio es maximizar el beneficio", eso es un camelo. Porque el beneficio no se sostiene sin un buen servicio. No se trata de maximizar el beneficio sino el servicio. ¿Y el dinero para pagar las cuentas y obtener un margen razonable? Eso vendrá después.

El objetivo principal de todo negocio es maximizar el servicio

El gran engaño que hemos sufrido ha consistido en creer que conseguir dinero es posible pensando más en uno mismo que en los demás. Pusimos el carro delante del caballo... Y en la economía de las probabilidades los buenos resultados son escasos.

Los asalariados trabajan tantas horas para ganar dinero que no disponen de tiempo de hacerse ricos. Y las empresas se ahogan en los números rojos porque nunca saben qué funcionará.

Bajo mi punto de vista, demasiado azar en el mundo de los negocios. Y a mí solo me interesan los emprendimientos seguros.

Cuando antes entiendas que tu vida y tus logros no tienen nada que ver contigo, sino con los demás, antes saldrás de esa farsa estocástica. Sí, tu vida no es sobre ti, es sobre todas las vidas que puedes tocar para que alcancen su mayor bien.

CLAVE 9: PERSEGUIR EL DINERO ES PERSEGUIR LA POBREZA

Enfocarse en el dinero aleja el dinero. Enfocarse en resolver problemas atrae el dinero. Perseguir con ansiedad el dinero basta para ahuyentarlo. No sirve de nada merecerlo, desearlo o necesitarlo... el dinero solo ama a los que aman el proceso de ganarlo. ¿Cuál es el secreto? El dinero te respeta cuando tú te respetas. Ama a quien se ama.

No es buenismo *new age*, sino tecnología espiritual de última generación.

La gente que busca dinero desesperadamente es un poco egoísta. Van a lo suyo. En mi opinión no es "lo suyo" lo que deben resolver, sino "lo de ellos". Después, el dinero llegará de forma imparable. Como una crecida o un torrente desbordado. Dinero a mansalva. Riqueza torrencial.

Si los quebrados solo identificasen un problema, aprendiesen a resolverlo, y ofrecieran ayuda a cambio de unos honorarios razonables... no les faltaría nunca de nada. Por desgracia, en el mundo hay un exceso de problemas por resolver pero pocas personas dispuestas a hacerlo. Es por eso que encuentras más pobres que ricos.

La quiebra planea en el horizonte de los negocios ensimismados.

Recuerdo haber leído en un texto Zen que cuando persigues el objetivo, lo alcanzas; pero cuando persigues el trofeo pierdes el objetivo y el trofeo. Esto nos conduce a la siguiente pregunta: ¿Por qué tantos negocios son un mal negocio? ¿Por qué tan poca gente logra sus objetivos en la vida?

Se me ocurre una respuesta rápida: demasiada gente persigue el dinero (efecto) pero ignora sus causas (servir). Es como si esperaran encender la luz de la habitación sin pulsar el interruptor. O arrancar el vehículo sin la llave de contacto. Pierden porque no activan la causa, olvidan pulsar el botón de ignición. Y su cohete nunca despega. En consecuencia, viven en la escasez y la quiebra segura. Y la vida se les va en el puro desear. ¿Por qué no se enciende la luz?, ¿por qué mi negocio no arrancó?, ¿por qué no suben las ventas?, se preguntan una y otra vez. Cuando me consultan esto, callo, muevo la cabeza y me voy.

Sus vidas y sus negocios no se iluminan.

 No busques dinero, busca problemas que resolver: son una mina de riqueza".

RAIMON SAMSÓ

Cada día la gente se levanta de su cama y sale de casa para pagar sus cuentas. Parece correcto pero no lo es; vuélvelo a leer por favor. ¿Ves el error?

Creo que los que carecen de dinero se equivocan persiguiéndolo. He comprobado que cuando se persigue el dinero, se hace esquivo y huidizo (igual que un hombre o una mujer cuando le presionas para que sea tu pareja). Las personas no encuentran lo que buscan porque buscan en el lugar equivocado. No hay escasez de dinero, solo que no está dónde lo buscan.

Volvamos a empezar.

Amanece y suena el despertador, despiertas, te levantas y te repites, mientras das una palmada en tu pecho: "Hoy voy a buscar problemas para trabajar en ellos" o "Empiezo sirviendo al mundo" o "Los demás primero". Mejor, ¿cierto? ¿Cómo te sientes ahora? Motivado, empoderado, útil... Con un propósito que trasciende al ego personal y sus diminutas batallitas. El día empieza a adquirir sentido, tal vez la vida.

Repítelo de nuevo por si acaso: "De entrada no busco dinero, prefiero encontrar problemas que resolver". Hasta que no lo vivas como una verdad -y un deseo ardiente que te consume- no podrás entrar en la tierra prometida de la riqueza extrema. Una vez más: "No, ahora no busco dinero, quiero encontrar problemas que resolver en primer lugar".

Ahora entenderás la fórmula:

$$\text{Soluciones} = \text{Dinero}$$
$$\text{Grandes Soluciones} = \text{Grandes sumas de Dinero}$$

Adivina qué es lo que quiere la gente que tiene problemas. Sí, soluciones urgentes. Y ¿qué consigue quien proporciona soluciones? Sí, dinero a mansalva. Lector, si aún no tienes suficiente dinero es porque no resuelves suficientes problemas a un número bastante de personas. Es matemático. Repasa la fórmula de arriba, no tiene fisuras.

Un temor que puedo adivinar en ti es: "Si busco problemas que resolver, ¿no será eso una carga para mí también?". Pronto comprobarás que al ayudar a otros te ayudas a ti mismo. Que atraes personas que tienen tus mismos problemas; y al ayudarlas a resolver los suyos, aprendes a resolver los tuyos. Hacerse cargo de sus problemas crea conexión con la Fuente, por lo que no sentirás una carga al ayudarles. Al contrario, te llenarás de energía.

Cuando alguien a tu alrededor se queje diciendo que no gana suficiente dinero, no te compadezcas de él, hazme el favor. Anímale mejor a buscar un gran problema, a averiguar su solución, y a compartirla con quienes lo sufren. Hará más amigos y hará más dinero. Y como bonus extra, su vida adquirirá pleno sentido.

Gracias a él muchas personas vivirán mejor.

¿Cuánta gente vive mejor porque tú te levantas cada día?

Lo dicho, enfocarse en el dinero complica mucho el poder ganarlo. Mientras, una minoría se centra en resolver dificultades y crean riqueza extrema. Se forran. Y además son admirados por su habilidad.

Mientras, agradece tus dificultades financieras. Según los budistas, los problemas son tu camino, tu *sadhana* para lograr algo. Y yo añado que los problemas financieros son tu pasaporte a la prosperidad.

Tu mayor bien.

Los que se quejan de su suerte ignoran la siguiente ley...

. . .

CLAVE 10: LA LEY DE LA AYUDA RECÍPROCA

Existe una ley financiera, tan antigua como el principio del tiempo, conocida como la *ley de la ayuda recíproca*: disfrutamos de la prosperidad proporcional a las vidas que mejoran gracias a nosotros.

En pocas palabras, a cuantas más personas ayudamos, y cuanto más las ayudamos en sus dificultades, mejor nos va en los asuntos de dinero. Para recibir antes hay que dar (sin garantías), es la paradoja de la vida. En dos palabras:

$$Dar = Recibir$$

Siempre en este orden.

La versión XXL, o tamaño gigante, de esta ley financiera es: entrega valor masivo a una cantidad enorme de personas y harás una gran fortuna. La clave es proporcionar mucha utilidad a muchos. Sí, mucho a muchos, cuanto más mejor. Es el modo de desatar un tsunami de riqueza, dinero al por mayor.

No te apures, dar no te quitará a ti. Imagina una vela que prende otra vela, y a cien velas más... ¿Ha perdido brillo como consecuencia de ello? Claro que no; la luz que da luz sigue siendo...¡luz! Imagina que tienes cinco hijos... ¿Se te acaba al amor por ser muchos? Claro que no; puedes amarlos a todos infinitamente. Por eso no temas, que al dar, multiplicarás lo recibido.

De nuevo, ¿cuántas personas viven mejor gracias a ti?

Somete tu negocio o profesión al test ácido: ¿Pueden tus clientes (y por ello tus ingresos) incrementarse de forma ilimitada? Si es que sí, no sé por qué estás leyendo este libro. Si es que no, vuelve a la casilla de salida y pierdes tres tiradas para darte tiempo a reflexionar en lo que estás haciendo mal en tu economía.

Si no has pasado el test, y tu negocio se ha disuelto en el ácido corrosivo de la anterior pregunta, estás lejos de la riqueza extrema. Tienes tu negocio bajo un techo de cristal. Te diré cómo romperlo para escalarlo.

De entrada, decide mejorar vidas de alguna manera. ¿Cómo? Eso es lo de menos, pregúntales a ellos, pues apenas influirá en el flujo de efectivo. Lo que hagas por ellos es cosa tuya, con la condición de que sea algo útil y valioso.

Acto seguido, ve en tus clientes un aliado para tu propia riqueza. Olvídate de ti -y de "lo tuyo"- y antepón a los demás y "lo suyo", y verás lo que ocurre. Comprobarás cómo lo que das te viene de vuelta multiplicado por diez.

Tus clientes son tú. Tú eres tus clientes. Hay un gran "Yo" que os envuelve a todos, procura el bien de ese Yo, y todos los "yoes" minúsculos e involucrados saldrán beneficiados.

Concluye que dar es recibir. Pero, dar ¿qué? ¿No es una contradicción: si doy cómo va a quedar algo para mí? Cambia la palabra dar por invertir.

El secreto de los secretos es sustituir tu conveniencia por el servicio.

Y hay otra ley, tan antigua como la anterior, la *ley de la causa y el efecto*. Aplicada a los asuntos financieros dice, más o menos, que el dinero es el efecto de ciertas causas; y una vez activadas estas, el dinero se convierte en la consecuencia inevitable.

> Cuando estás alineado con la Fuente, el dinero llega de forma imparable".
>
> RAIMON SAMSÓ

Interesante ¿verdad? Ojalá llegue el día en que tu mayor problema sea gestionar la ingente cantidad de dinero que llega a ti de incontables maneras, y necesites un ejército de contables que registren tus múltiples fuentes de ingresos crecientes. Este es un escenario de abundancia que la mayoría desearía experimentar, pero para el que no están preparados. No conocen las dos Leyes que mencioné, y si las conocen las ignoran.

Cuando ayudas, siembras semillas de *karma* financiero auspiciosas, y cuando germinen y broten conseguirás un buen resultado (que parece provenir de tu gestión empresarial). Si no vuelves a sembrar semillas de nuevo, el éxito empresarial se detendrá. Y hagas lo que hagas, no funcionará. No porque sea una estrategia fallida, sino porque has dejado de hacer lo que te llevó a tener éxito: crear *karma* -impresiones mentales- auspicioso.

Ahora que tú conoces la importancia de la "ayuda recíproca", podemos avanzar en cómo gestionar la abundancia creciente (galopante).

Y ¿por qué no he disfrutado de esta increíble experiencia hasta la fecha (abundancia creciente)?, te preguntarás. Ahora descubrirás una tercera Ley…

CLAVE 11: LA LEY DE LA ESCALABILIDAD

Hasta la fecha trataste de resolver tus problemas por tu cuenta, sin delegar al Gerente Universal los medios para duplicar una y otra vez tus resultados. Pero eso se ha acabado.

La *Ley de la Escalabilidad* establece que cuando sirves (mejoras vidas) a más personas, tus ingresos aumentan en la misma proporción. Va en proporción creciente geométrica. Siento que no te mencionaran esta Ley en la enseñanza primaria, seguramente de saberlo antes habrías tomado decisiones diferentes.

Escalar es dar mucho a más personas para recibir en proporción geométrica. Afectar a más vidas, exige escalar tu entrega de utilidad. Descuida, ahora mismo explicaré los conceptos que te permitirán conseguir más riqueza, más pronto, ayudando a más personas.

¿Suena bien verdad? Vamos a ello.

Es ley que cuando no existe limitación al número de personas que puedes servir, tu propuesta se vuelve escalable (creciente sin limitación) al aumentar recursos y logística. Gracias a la tecnología, el tiempo y el espacio ya no limitan la cantidad de seres a los que puedes beneficiar haciendo lo que haces para ganarte la vida.

Tecnología = Escalabilidad

El modelo de trabajar mucho para ganar más carece de utilidad (no es sostenible). Y poco a poco, te pasas al modelo escalable para conseguir más clientes con apenas inversión adicional. Con esta ley no solo eres una persona más útil sino también más rica. Para trabajar menos consigue que la tecnología trabaje más para ti.

Ahora entiendes por qué las personas trabajan tanto en un empleo que no tienen tiempo para hacerse ricas. Venden su tiempo y eso no es escalable.

Empiezas a entender que un empleo, o un auto empleo, carecen de opciones de crecimiento, y por ende pierden para conseguir la riqueza extrema. Seguramente imaginas que para entrar en ese estado de "gracia financiera" deberás ser ubicuo y sistematizar tu entrega al mundo.

Ayuda a una persona y te irá bien, ayuda a muchas y te irá de fábula.

Por cierto, en el mundo vive mucha gente.

 A cuantas más personas ayudes, más rico serás. Solucionarles la vida solucionará la tuya".

RAIMON SAMSÓ

- Si vendes tu tiempo, no eres escalable.
- Si operas a nivel local, no eres escalable.
- Si limitas tus clientes, no eres escalable.
- Si tú haces todo, no eres escalable.
- Si pasas de la tecnología, no eres escalable.

Si no delegas en un sistema previsible, te agotas, a la vez que te deprimes y, finalmente, abandonas.

Pero cuando operas a nivel planetario, y cuentas con un sistema, posees un "negocio multinacional" que, redoble de tambores, sí posee la característica de "escalabilidad". Y ¡Oh!, entonces hacer dinero es más fácil que no hacerlo. Tienes tu propio árbol del dinero en el patio de tu casa. Y no para de darte cosechas una tras otra.

Recuerda: escalar es ascender y ganar velocidad con un pequeño golpe de gas. Sí, los negocios escalables van como un cohete. *To the moon and back.*

Todo lo anterior se resume en una máxima minimalista: para ganar millones debes servir a millones. Obviamente, podrías hacer millones sirviendo a miles, pero es un proceso más lento. E intuyo que tienes prisa por recuperar el tiempo perdido. Máxime si vas a atender mi recomendación: "Hazte rico cuanto antes y levita en la paz mental que te da el primer millón".

Rico por la paz.

Ya estás más cerca de conocer "la causa de todas las causas" que activa la riqueza extrema. Todo lo que necesitas es pulsar el botón de...

CLAVE 12: LA CAUSA DE TODAS LAS CAUSAS

De lo que se trata ahora es dar con la causa de todas las causas (la verdadera razón). Para ello vamos a entrar en un ámbito más sutil, no nos enfocaremos en lo hecho, sino en las motivaciones por las que lo haces. Puede parecer un matiz trivial; y sin embargo es la semilla de riqueza que estás buscando.

Como primera idea, he de decirte que la verdadera causa se esconde detrás de las causas aparentes.

Por ejemplo, "cuando lanzo publicidad, vendo". La publicidad parece la causa aparente. Correcto, pero ¿qué hago cuando lanzo la publicidad? Expreso el deseo ardiente de mejorar otras vidas, me presto a servir, propongo la solución a un problema. La intención es la causa real. Impregna la comunicación publicitaria y regresa en forma de pedidos.

Intención = Ingresos

¿Ves cómo existe una razón verdadera y otras, como la publicidad, aparentes?

Si la publicidad fuese la causa real, entonces las empresas que utilizan la publicidad obtendrían resultados iguales. Y ya sabemos que no es así: muchas campañas publicitarias fracasan. La mayoría de anuncios no tienen éxito en sus campañas. Fallan más que una escopeta de feria y los publicistas reconocen que no saben por qué.

¿Qué falla? ¿La publicidad? No, no es eso, falla la causa real que subyace en la promoción. Y no, la voluntad de ganar dinero no sirve como causa, y si no pregúntale a tus potenciales clientes y veras qué te dicen.

Ahora entiendes por qué negocios diferentes, que hacen las mismas cosas, consiguen resultados diferentes. Y el remedio es obvio: podrás hacer que una acción comercial funcione en tu negocio si le asignas una intención positiva.

Repasa la historia económica: expansión y recesión. Y en cada uno de esos períodos hay empresas que prosperan y también las que quiebran... no es el contexto externo, sino el interno lo que hará una gran diferencia. La economía no es la responsable de la salud de tu negocio. Olvida la "situación económica" porque no es lo que debe preocuparte. Ahora mismo hay varias situaciones económicas muy diferentes conviviendo en tu mercado, y lo que determina en cual te hallas tú es tu intención combinada con la acción.

¿Tu intención es ganar o servir? Son dos intenciones diferentes. Los resultados que obtendrás no pueden desligarse de tus intenciones. Hasta ese punto son determinantes. En mi caso, mi intención para emprender como autor era aprender. Sí, me lancé a emprender para aprender. Y te aseguro que me he cultivado en diferentes temas como no había ni soñado. He triunfado sobre la ignorancia. Como he compartido parte de ese saber (y lo hago del modo más asequible para mis seguidores, los libros) me ha ido de lujo en el aspecto material. Pero yo solo pretendía salir de la ignorancia.

> La causa de todas las causas está en servir, siembra en otros y cosecharás la riqueza".

RAIMON SAMSÓ

Tengo otro silogismo financiero: "Una semilla es una causa. Servir es una semilla de riqueza. Una semilla de riqueza es causa de riqueza". La intención crea manifestación. Si experimentas justeza económica, no te enfoques en ingresar más dinero, sino en mejorar la intención que te guía.

Demasiados negocios nacen destinados a fracasar porque llevan la semilla del fracaso: servirse a sí mismos a costa de su mercado. Se mueven por la motivación y la actitud equivocadas. Cuando abren están preparando su cierre. Incorporan la semilla del fracaso y eso es lo que consiguen.

Cuando ocurre un bien, sucede algo mejor. Vuelve a leerlo porque esta idea es la bomba. Es la enseñanza de los antiguos maestros del Tíbet que podemos utilizar en la gestión de los negocios.

¿De dónde proceden las semillas? Del Ser y, a través de la imaginación de la mente, se manifiestan en el mundo de las cosas. Una vez más, lo inmaterial crea efectos muy tangibles.

Estudiemos el caso... La causa real es la intención que mueve a la mente a imaginar. La mente, no es causa, pero posibilita la creación con su imaginación. Tus creencias son deseos. Tus intenciones son veredictos. En efecto, una creencia es una elección, una opinión, una percepción elegida. Aquello que eliges creer es tu deseo, de otro modo lo descartarías como posibilidad (no pasaría por tu mente). Cuando lo entiendes comprendes por qué te ocurre lo que experimentas (lo que te gusta y lo que no).

$$Creencia = Deseo$$

La humanidad no es abundante porque se pierde en un laberinto de creencias, percepciones, interpretaciones, opiniones, elecciones, decisiones... Ahí no hay ni un ápice de certeza, solo hay probabilidades e incertidumbre. Al darle la espalda a la certeza, la humanidad se niega la prosperidad.

Por ejemplo, cuando crees en las dificultades financieras, deseas dificultades financieras porque las pones en tu mente (y no importa que no las quieras). Depositaste tu creencia en ellas, y es de ley que se manifieste para ti lo que consideras posible.

Por ejemplo, cuando crees en el éxito financiero, deseas éxito financiero porque lo has elegido, pusiste tu fe en él, y por ley se cumplirá. El mundo está a tus órdenes.

Cuando crees (deseas o rechazas), lo creas.

Tal vez esta afirmación parezca inaceptable. Pero si aceptarlo te incomoda, ahí tienes una prueba definitiva de tu necesidad de corrección. Quiero que entiendas que no hay ninguna posibilidad de creer una cosa y desear otra. Eso es la fantasía del engaño dual. Si crees en algo, eliges inconscientemente darle realidad; y por tanto, lo "deseas" aunque lo detestes. Y, ¡Oh! entonces lo creas.

Me gustaría que volvieras a leerlo y hacer luego un descanso en tu lectura para digerirlo. Si lo comprendes en toda su profundidad, tu vida dará un salto cuántico espectacular. Y no pasarás nunca más necesidades después del día de hoy.

Ahora que sabes que la riqueza no es aleatoria, estás más cerca de la abundancia inevitable. Si quieres dinero deberás sembrar semillas de riqueza, no de pobreza. Los budistas utilizan una palabra muy hermosa para describir el ciclo de siembra y cosecha: *karma*. Y en la escuela filosófica de la riqueza extrema trabajamos con el *karma* financiero. Veamos qué demonios es eso del *karma* financiero...

CLAVE 13: CÓMO ACUMULAR KARMA FINANCIERO AUSPICIOSO

Por si no lo sabías, *karma* es una palabra sánscrita que significa acumulación de méritos hoy para una cosecha auspiciosa en el futuro. Vamos a bajarla del misticismo al pragmatismo. Tu *karma* financiero es tu destino económico y puedes modificarlo a cada momento. ¿Me sigues?

Pero volvamos a la *Ley de la Entrega* (cuanto más sirves, más ingresos recibes).

Una variación de esta ley revela que "ayudar al que ayuda" a otros duplica el mérito (*karma*). No es lo mismo ayudar, pongamos a un perro que ha caído en un pozo a salir de él, que ayudar a un médico de cuya vida dependen muchas vidas humanas.

Cuando ayudas al que ayuda, tú mismo ayudas a otros a través de él. Ayudas indirectamente. Tu mano invisible se adhiere a la suya y ambos recibís la bendición de la prosperidad. Tu *karma* financiero se dispara. Es *karma pasivo* (se acumula mientras duermes o haces cualquier otra cosa) y que atesoras sin hacer nada de nada (otro genera ese *karma* para ti). ¿No es genial?

 No persigas el dinero, persigue servir a muchos. Y la felicidad y la riqueza llegarán inevitablemente".

RAIMON SAMSÓ

Si te has dado cuenta, vengo intercambiando la palabra "servir" por "vender". Al sustituirlas, hacer negocios adquiere sentido porque todos los que están involucrados en la transacción comercial se benefician. Es un ganar-ganar. En todos tus tratos, averigua qué gana la otra parte, asegúrate que está satisfecha con el trato. Y habrá más negocios, para ambos.

Nos gusta ayudar, pero no tanto vender. ¿Por qué? Porque en nuestro ADN está la necesidad de ayudar a otras personas. La *Ley de la Reciprocidad* nos induce a devolver favor por favor.

¿No te ha ocurrido a ti que cuando "estás en deuda" te provoca una sensación desagradable que solo cesa cuando correspondes? Corresponder un favor no es una opción, es una necesidad.

Repasa tu vida. Cada uno de nosotros fue servido por cientos, sino miles, de personas a lo largo de su existencia: padres, maestros, médicos, amigos... y un largo etc. Ahora es el turno de corresponder lo recibido. ¿Cómo? Sirviendo a otros, y no importa que no sean aquellos que nos ayudaron un día a nosotros. Necesitamos ayudar a nuestros semejantes porque estamos en deuda.

La vida es una cadena de favores infinita. Te dediques a lo que quiera que sea, solo procura el progreso y el éxito de tus clientes, y tú lo obtendrás también.

Trata de reconocer todas las situaciones diarias, y formas diferentes, en las que se te sirve, y verás cuánta ayuda recibes al final de la jornada. Piénsalo: tu vida avanza gracias a decenas de personas que te ayudan a cada momento y en todas partes. Por ejemplo, cuando tomas un vuelo, trata de imaginar la cantidad de personas que hacen posible que puedas viajar. Identifica cada servicio recibido y eso te hará sentir muy agradecido. Enseguida notarás el impulso de corresponder. ¿A quién?, a cualquiera, eso es lo de menos.

Porque me sirven, sirvo.

Vender = Servir

Espero que la fórmula matemática de arriba cancele la aversión a la venta. Entiendo que la gente no quiere que le vendan, pero todo el mundo desea que le ayuden. No tratas de vender nada, te dedicas a servir mejorando vidas, la venta es solo un vehículo más. El dinero es el reflejo de ese valor añadido.

He aquí dos causas de pobreza:

1. Apego al dinero.
2. Aversión a la venta.

Ahora ya conoces de la importancia de servir a muchos, y dar prioridad a los que sirven a otros. Acumular *karma* financiero auspicioso es más productivo que ahorrar billetes y monedas. Esta semilla basta para ver crecer un árbol del dinero para una vida próspera sin fin.

CLAVE 14: LA GESTIÓN FRUCTÍFERA DE SEMILLAS FINANCIERAS

Un pensamiento es una "impresión mental" (huella energética). En términos prácticos, es una semilla que brotará cuando halle las condiciones adecuadas, ya sea mañana o dentro de diez años. Recuerda que en la naturaleza las cosas funcionan del mismo modo. En las finanzas funciona igual, de ahí la necesidad de aprender a gestionar tus semillas financieras.

Una semilla contiene el plano completo de un árbol, y por ende de todos los frutos que dará ese árbol mientras viva. Los humanos no somos distintos: sembramos y cosechamos impresiones mentales. ¿Te das cuenta de que ahora mismo estás diseñando en tu mente tu futuro financiero? Y, ¿eres consciente de lo que estás sembrado hoy (y cosecharás el día de mañana)?

La prosperidad no habita en los bancos sino en las mentes ricas.

Ahora mismo estás recibiendo lo que sembraste con anterioridad. ¿Cuándo?, no existe un modo de saberlo, es seguro que no recuerdas de dónde proceden las experiencias de hoy. Se plantaron hace años o décadas. Los budistas consideran incluso las acciones e intenciones procedentes de ¡vidas anteriores! Es imposible saber de dónde proviene lo que recibes hoy de la vida (sea pobreza o riqueza). Y en el fondo da igual, lo que cuenta es lo que sembrarás hoy.

Si ves a un rico o a un pobre, ignoras qué lo llevó a experimentar su estado financiero. Juzgar las causas de la riqueza o pobreza que experimenta alguien es del todo imposible. Nadie cuenta con la información para saberlo, pero podemos imaginar las causas. Y lo que es seguro es que nadie está en una situación financiera por mala suerte o por accidente. No existe semejante cosa.

Imagina este experimento: de pronto se divide todo el dinero del mundo entre todos sus habitantes, de modo que todos disponen de la misma cifra. Pasa medio año y revisamos las cuentas. El dinero ha regresado, en la misma proporción, a las personas tal como estaban antes del experimento. ¿Por qué?

Porque no es un tema de dinero sino de mentalidad. Dar dinero a los pobres no funciona, solo retrasa el problema.

Descárgate la nueva versión de tu programa financiero y haz el *upgrade* de economía pobre a economía rica.

Lo único seguro es que puedes cambiar a tu conveniencia tus acciones e intenciones de hoy. Solo el presente es controlable. Hoy se decide lo que cosecharás en el futuro a corto, medio y largo plazo. Lo pasado, pasado está y ya no puede revertirse su efecto. "A lo hecho, pecho". No hay corrección posible de ninguna de las maneras. Pero el futuro, es otra cosa... puede elegirse hoy.

 Cuando haces cosas buenas para los demás, las cosas buenas ocurren en tu vida".

RAIMON SAMSÓ

"Un momento -pensarás-, ¿has dicho intenciones?". En efecto, tan importante es lo que hiciste como lo que pensaste. Recuerda que un pensamiento es una impresión mental o una huella energética. Permíteme explicarte este punto porque es fundamental. Si en algún momento pensaste en "matar" a alguien, aunque no lo hicieras, gracias a Dios, sembraste semillas de muerte en tu camino. Si alguna vez envidiaste a un rico, en ese momento te negaste el dinero a ti mismo con esa simple impresión mental. Si un día ofreciste tu ayuda a otro, y este la rechazó, ese *karma* suma a tu favor...

La intención, aún sin acción, crea *karma*.

Nunca envidies al que tiene lo que tú deseas. Él no te quita nada, ni siquiera es mejor que tú. Tan solo es que aprendió a conectar consigo mismo y se lo concedió. Haz tú exactamente lo mismo.

El *karma* financiero, las impresiones mentales, crece y se acumula porque es el camino que te permite ver en el mundo lo que hay en ti. ¿Cómo ibas a corregir tu economía si no ves qué la está creando? Tu cuenta bancaria es la pantalla donde ver lo que has acumulado en el plano invisible de la mente.

Y por cierto, no hay semillas pequeñas o grandes, insignificantes o poderosas... todas tiene el poder de crear realidades en el mundo de las cosas. Y todas crecen con el paso del tiempo. Piensa que una simple y minúscula semilla es capaz de crear una majestuosa secuoya de cien metros de alto. En tu economía sucede lo mismo, lo pequeño se magnifica con el paso del tiempo. Es así para asegurar que verás lo que tienes más olvidado.

Cuando:

- Juzgas.
- Criticas.
- Envidias.
- Odias.
- Maldices.

... creas *karma* financiero negativo. Cosecharás lo sembrado en tu cuenta bancaria. No como un castigo, sino por la ineludible *Ley del Boomerang*. Lo que se va de ti, vuelve a ti, porque ahí afuera no existe la separación, todo es Uno. Y cuando creas esas impresiones mentales de dinero, siembras tu pobreza.

Cuando:

- Bendices.
- Agradeces.
- Perdonas.
- Amas.
- Admiras.

... creas *karma* financiero positivo. También cosecharás lo sembrado en tu cuenta bancaria. La misma *Ley del Boomerang*. Si diriges esas impresiones mentales de dinero, siembras tu riqueza. La pobreza y la riqueza son dos estados mentales diferentes. Se miden en el mundo, con billetes y monedas, pero no existen allá afuera. Ya sabes que el mundo no te da ni quita nada, tú te das o te quitas todo. El mito de que los ricos privan a los pobres de la riqueza es una leyenda urbana sin pies ni cabeza. Quien lo crea se está negando su poder y se lo entrega a los demás.

En el tema de las finanzas, la gestión del *karma* funciona como un cohete. La intención detrás de cada asunto de dinero suma o resta. Cada pequeña acción e intención financiera, suma o resta. Lo que piensas, lo que sientes y lo que haces, mientras gestionas tu negocio y tu dinero, afecta a la cantidad de dinero que conseguirás en el futuro. El mundo es puramente fenoménico. Si no me crees, pregúntale a un maestro budista y verás qué bien te lo razona.

Del mismo modo, si quisiste ayudar a alguien que no te lo permitió y rechazó tu ayuda, esa impresión mental suma *karma* auspicioso para ti. ¡Y sin hacer nada de nada! Por ejemplo, si yo escribo un libro para ayudar a personas con un problema, aunque después no lo lea nadie, o nadie aplique lo leído, ya he creado un muy buen *karma* porque deseé e hice algo para ayudar. Sin importar que nadie aprovechase mi ayuda. ¿Lo ves? es muy fácil.

- *Karma* pasivo, sin hacer nada de nada, solo deseándolo.
- *Karma* indirecto, ayudando al que ayuda ayudas doblemente.
- *Karma* directo, ayudando a otros efectivamente.

La Biblia nos recuerda hacer a los demás lo que queremos que los demás nos hagan. ¿Lo dice por ser bueno nada más, e ir al cielo? No, nada de eso, lo dice por nuestro propio bien. Nos enseña que conseguimos lo que damos. La Biblia es un manual de prosperidad y felicidad sin límite, el mayor que se ha escrito nunca.

Ahora que conoces en profundidad la segunda semilla de riqueza, también entiendes qué es la gestión del *destino* financiero. Y empiezas a darte cuenta de que con esta segunda semilla basta para hacer crecer un árbol del dinero para una vida abundante.

4

CÓMO SEMBRAR LA SEGUNDA SEMILLA

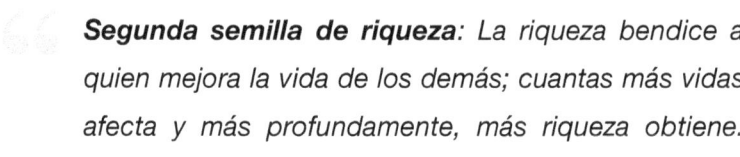

Segunda semilla de riqueza: *La riqueza bendice a quien mejora la vida de los demás; cuantas más vidas afecta y más profundamente, más riqueza obtiene. Sirve para ganar.*

¿Cómo se planta una semilla de riqueza?

A todos los efectos, una semilla es una "impresión mental". Y una impresión mental es una "plantilla energética": una idea, un pensamiento, una creencia, una elección, un paradigma, una intención, una percepción... Ya me has oído decir que los ricos tienen una "plantilla", conocen el método, disponen de un sistema... Pues eso.

- ¿Sembrar semillas? Me resulta familiar. Una vez le sostuve la mirada a una chica encantadora y añadí una sonrisa...

- ¿Y el resultado de esa semilla?

- Tenemos tres hijos pequeños, nos casamos.

- ¿Lo ves Álex? Sembraste una mirada, y algunas simientes, y cosechasteis una familia. Y así es cómo funciona todas las veces.

- Ya veo, todo va de semillas.

- Sí, aunque a veces no sabemos cuándo o cómo las hemos plantado. Actuamos inconscientemente, y el tiempo pasa. Más tarde, suceden cosas pero ignoramos de dónde proceden. Pregúntate siempre: ¿cómo he sembrado yo este resultado en mi vida? Y te pondrás al mando de tu destino.

El mundo es la proyección en 3D de infinidad de semillas mentales de las que no somos ni conscientes. La materia es la cosificación de multitud de impresiones mentales. Por eso las personas sufren estrés por incertidumbre... porque les llueve de todas partes y no saben ni de dónde proceden los nubarrones.

En la práctica: anota cinco acontecimientos que festejas en tu vida. Y al lado, apunta la causa aparente; y a su lado, la causa no aparente sospechosa de desencadenarlo. Quisiera que seas consciente de que en tu experiencia gobiernan dos ámbitos: el implicado y el explicado. Uno invisible, y el otro, visible.

¿Por qué nunca consigues nada por tu cuenta?

Ya sabes que no conseguimos nada sin la colaboración de muchas personas. Por eso tu vida mejora cuando ayudas a mejorar otras vidas. En el fondo, todos somos Uno. Te ayudas ayudando, por eso funciona tan bien este principio. En mis años de *coach*, me sorprendía que tantos clientes me confesaran su deseo de ayudar a los demás. De algún modo, sabían que para prosperar debían hacer algo por los demás.

En la metáfora, la semilla es la intención de ayudar y los demás son la tierra fértil donde sembrar la riqueza mediante la ayuda. Ellos son el contexto donde la intención se manifestará.

Si has elegido ser rico, debes saber que precisas de muchas personas a las que ayudar (muchas vidas que mejorar). Y no porque necesites su dinero, ellas no te van a dar nada suyo, sino tuyo. No te dan dinero, te devuelven el tuyo.

Ahora, lleva este principio a tu empleo o negocio: tu jefe es el "vehículo" para recibir tu dinero de vuelta por medio del salario. Tu cliente es el "vehículo" para recibir tu dinero de vuelta por medio del valor que le entregas.

- *¿Te queda claro?, Álex.*

- *Hasta ahora he pensado que si lo conseguido me gusta, es meritocracia, es mérito mío. Y si lo que me pasa no me gusta, es culpabilidad, es culpa de alguien. Pero ahora, quitándome a mí de la ecuación, tanto en un caso como en otro, casi que me quedo más tranquilo.*

- Sigues siendo el medio a través del cual ocurren las cosas en tu mundo. Todo ocurre a través de ti. Hay responsabilidad, pero no mérito ni culpa. Es un matiz importante. La responsabilidad es independiente del premio y castigo, eso son dos películas que se cuenta el ego.

- Ya veo. Bueno estoy dispuesto a aceptarlo. Es liberador.

- Y realista.

- Pero cuéntale eso a mi jefe, por ejemplo. ¡O a mi hermano!

- No, Álex, este libro no es para cambiar a los demás, solo quiere ayudarte a transformarte a ti. Tú lo estás leyendo, no ellos. Por cierto, ¿tu jefe es de los que creen que cuando se consiguen los objetivos es mérito del equipo y cuando no es su culpa?

- No creo. En mi empresa todos van a lo suyo, menos yo que voy a lo mío.

Lector, necesitas a las personas (no su dinero). ¿Para qué? Para ayudarlas en sus necesidades. Recuerda que tu dinero lo recuperas a través de ellos. Jugamos un juego de mesa, llamado economía, en el que vas a ganar según lo que des. Olvida ese dicho: "trabajo para mí" o "trabajo por mi cuenta". Trabajas para todos los que te necesitan, por eso sales ganando. Todos deberíamos estar en el negocio de cambiar vidas.

En la práctica: si te preguntan a qué te dedicas, responde: "Gano dinero resolviendo problemas de la gente. Sirvo bien a las personas que tienen este problema concreto:

_____". Ensáyalo unas cuantas veces hasta adquirir cierta soltura y confianza.

***

Por qué la pregunta: "¿qué negocio da dinero?" es una mala pregunta

Las personas que buscan una actividad que "dé dinero" se equivocan de enfoque. Cualquier actividad tiene el potencial de enriquecerte o empobrecerte. No es lo que haces, sino para quién lo haces, para qué, y cómo lo haces.

Hay restaurantes que ganan y otros que pierden, hay líneas aéreas que ganan y otras que pierden, hay tiendas que ganan y otras que pierden... Si cualquiera de esas actividades fuese un buen negocio, todos sacarían el mismo provecho. Pero no es así.

Para los budistas, detrás de cualquier fenómeno se halla la vacuidad, que no significa vacío, sino carencia de significado (neutro). En el sentido de que lo que ocurrirá depende del significado que se le da. El "potencial escondido" de las cosas es vacuo porque resultará una cosa buena o mala según el sentido que se le da.

Es fácil hacer listas de buenos y malos negocios. Pero lo cierto es que en cualquier actividad se puede ganar o perder porque no se trata tanto de la actividad sino desde donde la desarrollas. Este es el secreto del "potencial escondido". La vacuidad de significado a priori. Nada es un buen o mal negocio por su propio lado, al margen de cómo lo planteamos.

No es un qué absoluto para todos, es quién y para qué.

No existe un "buen negocio" al margen de quien lo hace.

Pregúntate: "¿Esto crea beneficios, ventajas y éxito en otras vidas?"... Si es que sí, la opción es adecuada y funcionará siempre que te apliques en un excelente desarrollo e implementación. La puesta en escena cuenta también.

- *Pero Raimon -dice Álex- yo soy quien soy y no puedo hacer nada al respecto.*

- *Te confundes, no sabes quién eres. En realidad eres como Dr. Jekill y Mr. Hide, vives en la dualidad. Ya no recuerdas tu genialidad. Podrías dar mucho más de ti, eso es seguro. Ponte a prueba y lo comprobarás. Mejor aún, ponte entre la espada y la pared y verás de lo que eres capaz. No tienes ni idea del poder que atesoras dentro de ti.*

- *Ya lo he intentado, y nada.*

- *¿Cuántas veces?*

- *... Ehhh, que recuerde, una vez.*

- *¿Una? Eso no te vale ni como calentamiento. Cuando hayas intentado lo que sea cien veces, ven y hablamos. Antes ni aparezcas por aquí.*

Y así es, la persona promedio hace un intento, o ninguno, porque se limita a suponer y, claro, las cosas no salen. Otras veces, se retira cuando surge lo difícil. Intentar es un verbo muy flojo, descártalo de tu vocabulario. Intentar es una pérdida de tiempo.

- *Ponme un ejemplo fácil.*

- *¿Lo ves? Hasta los ejemplos deben de ser fáciles para ti. No seas flojo y enamórate de lo difícil. Imagina que animas a alguien a montar un negocio. ¿Qué te dirá?... "Eso es difícil", se quejará. En realidad te está diciendo que no lo hará. Cada vez que alguien te diga que algo es difícil, te está diciendo que no va a hacerlo.*

- *Yo me he dicho eso mismo muchas veces.*

- *Pues ya sabes. Mira, Álex, negarte lo difícil es negarte lo que quieres. Porque todo lo que deseas, y no tienes, es difícil para ti. ¿Cómo lo sé? Si fuera fácil para ti, ¡ya lo tendrías! Aplícate con tesón en lo difícil y tu existencia se hará fácil. Pero si te centras en lo fácil, tu vida será muy difícil a la larga.*

- *Ahora sí que me has dejado sin palabras.*

- *Busca lo difícil, pídete lo difícil para ti, y te aseguro que tu vida ascenderá a un nivel desconocido antes. Lo que ahora es difícil para ti es lo que más te transformará. ¿Y sabes qué? un día será fácil.*

En la práctica: busca problemas complejos y apúntate a resolverlos. Asume lo que otros descartan por difícil. Colecciona lo difícil, ahí está la mayor transformación de tu economía. Y llegará el día en que todo será muy fácil para ti, incluido ganar mucho dinero. Te será más fácil ganarlo que no hacerlo.

***

Resuelves tus problemas porque resuelves sus problemas.

Eres un agente al servicio de quienes puedes ayudar. Las empresas pagan a sus empleados porque les resuelven problemas; cuanto más gordos mejor les pagan. Y tú, ¿te has preguntado cuáles son los problemas por los que cobras cada mes?

No pidas un aumento de sueldo, pide a tu superior manejar dificultades mayores y el dinero aumentará en correspondencia. No puedo entender a los que se quejan en el trabajo de tener que resolver tantos problemas, si ¡son su garantía de empleo!

Grandes problemas, grandes ingresos.

Pequeños problemas, pequeños ingresos.

Ningún problema = desempleo y quiebra.

Por ejemplo, en mi caso, cuando escribo un libro, pienso en el lector, no en mí. ¿Qué necesita para sacar su vida adelante? Mi libro lo hará suyo aplicándoselo, yo solo gestiono su producción y los royalties. Los beneficios reales son suyos en exclusiva. Escribo libros que cambian vidas, por eso son *long sellers* que venden ejemplares por encima de la media editorial un año tras otro.

Como me centro en cubrir necesidades, en ayudar de verdad, mis necesidades se cubren. Yo gano porque mis lectores ganan. ¿No es un trato justo? Escribo libros para que los lectores cambien sus vidas a mejor. Y eso mejora la mía de muchas maneras. Si te enfocas en tu audiencia, y en lo que más necesitan, eso acarreará un montón de cosas buenas para todos. Pero si pones foco más en "lo tuyo" que en "lo suyo", no te irá muy bien.

- Ya, Raimon, pero no puedo evitar estar impaciente por recibir lo mío.

- Entiendo la impaciencia, Álex. Pero ¿estarías ansioso por algo que es seguro? Claro que no, pues sabrías a ciencia cierta lo que pasará, porque es ley. Es lo que estás aprendiendo ahora conmigo.

- Yo pensé que ya tenía suficientes preocupaciones en mi vida como para buscar más.

- Pues ya ves que no. Cuando estás en sus problemas, los tuyos desaparecen. Y si experimentas dificultades económicas es porque no has buscado suficientes problemas de otros para resolver.

En la práctica: para aplicar este principio, mientras trabajas, enfócate en el cliente. Imagina cómo cambiará su vida a mejor, cómo se sentirá, cómo se beneficiará, sus resultados y su éxito. Imagínalo, visualízalo. Por la noche, recuerda lo que has hecho en tu jornada por los demás y después duerme tranquilo. Tus sueños se cumplirán cuando los suyos se hayan cumplido.

Cómo hacer escalable tu negocio

En mi caso, la *Ley de Escalabilidad* juega a mi favor por el tipo de producto que vendo: libros, *ebooks*, audio libros y video cursos. Mi mercado potencial abarca a todos los lectores de mis temas, en lengua española (adicionalmente algunos títulos están disponibles en inglés). Tengo la suerte de escribir en la segunda lengua del planeta y la más bella. Eso abarca mucha gente, cientos de millones de lectores.

Además, una parte de mis productos son digitales (*ebooks*, video cursos y audio libros) con lo cual puedo producir una cantidad ilimitada de productos para una cantidad ilimitada de clientes. No hay restricciones, eso es muy escalable.

Vamos a tu caso: si vendes servicios deberías ampliar con productos, propios o ajenos, que complementen tu oferta. Analiza a tu competencia y descubre qué productos venden. Si ya vendes productos, podrías ampliar tu gama con una novedad anual. Tu nuevo mantra: un nuevo producto al año, por norma.

Por ejemplo, si posees un restaurante, tú trabajas para tu negocio; pero con diez restaurantes tu sistema trabaja para ti. ¿Ves la diferencia? Y esto es aplicable a todo, no importa si hablamos de pizzerías, *rent-a-car* o venta de apartamentos.

- En mi caso, soy el dueño de una peluquería. Si quiero ganar más he de trabajar más. Eso no es escalable. ¿Cómo lo hago?

- Álex, si ofreces un servicio, como es tu caso, deberás empezar por crear un equipo de personas que trabajen en tu peluquería. De modo que pasarás a vender tu tiempo y el de tus ayudantes. Más servicios, más ingresos. Pero es solo el principio.

- ¿Qué sigue?

- Crear una marca potente, un nombre en tu mercado de prestigio donde la gente quiera trabajar y también ser atendida. Un imán de personas. Sigue crear un método replicable por tus empleados, gente buena y bien pagada... Además podrás empezar a crear nuevos salones bajo licencia o en franquicia.

- ¿Y cómo empiezo? - preguntó Álex.

- Creando tu marca personal, promocionándote, posicionándote como un valioso experto en tu campo. Sí, es sencillo pero no fácil ni rápido. Lo que es seguro es que vale la pena. Lo he comprobado infinidad de veces en el Instituto de Expertos® donde convierto a los profesionales invisibles en marcas visibles. No buscarás clientes, ellos te buscarán ti.

Una combinación de venta de productos y servicios, además de crear un marca personal potente y un método que funcione de verdad... es riqueza extrema.

Olvídate de crear un negocio, crea una marca. Olvídate de crear un negocio, crea un sistema. Con una marca y un sistema eres imbatible.

En la práctica: vende, crece, delega, subcontrata, promueve, reinvéntate, posiciónate, sistematiza... Y todo esto hazlo al por mayor, muchas veces cada mes. Para servir más, apóyate en: marketing masivo, tecnología masiva y diseño masivo.

Tres preguntas transformadoras:

1. *¿Qué quiero hacer por el resto de mis días?*
2. *¿Qué satisface mi pasión más auténtica?*
3. *¿A qué me dedicaría si mi vida financiera estuviera resuelta?*

Semillas de riqueza extrema:

- *Me brindo a cubrir necesidades.*
- *La abundancia ilimitada sirve a otros a través de mí.*
- *Cuanto más sirvo, más dinero ingreso.*

Afirmación simiente:

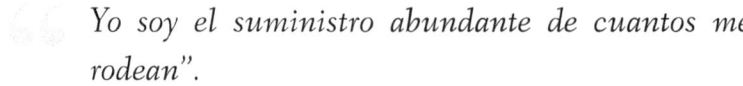 *Yo soy el suministro abundante de cuantos me rodean".*

5

EL TERCER ÁRBOL DEL DINERO

> **Tercer secreto de riqueza verdadera:** *La riqueza verdadera lo es en todos los aspectos de la vida a la vez. Y es segura. No es conseguir algo a costa de otra cosa; sino todo, todas las veces.*

CLAVE 15: RIQUEZA VERDADERA Y RIQUEZA FALSA

A veces, las personas consiguen éxito financiero a costa de perjudicar otras áreas de su vida, como por ejemplo: minar su salud, descuidar sus relaciones, renunciar a sus hobbies... Por no hablar de olvidarse de ser felices. ¿Por qué por un logro puntual pagan un precio tan elevado? En unos minutos, leerás las claves de cómo conseguirlo todo sin sacrificios. Todo y para siempre.

Lo primero que te diré, es que debes diferenciar los dos tipos de riqueza: la verdadera y la falsa.

1. La riqueza verdadera es todo a la vez; es dinero exento de efectos secundarios indeseados.
2. La riqueza falsa es algo a costa de otra cosa; es dinero con daños colaterales graves.

Yo lo llamo: ganar para perder. Sí, a veces ganas, pero la victoria implica que te pierdes a ti mismo. El saldo neto es cero (e incluso negativo): ganas y pierdes a la vez. Recibes por un lado y se te quita por otro; es una victoria agridulce. Un éxito a medias que conlleva efectos secundarios indeseados. Daños colaterales. Efectos secundarios. Entonces, ¿de qué te sirve conquistar el mundo con lágrimas en los ojos?

Por si no la reconoces, la riqueza falsa tiene este aspecto:

- Éxito a costa de tiempo libre.
- Dinero a costa de salud.
- Prosperidad a costa de relaciones.
- Logros a costa de agotamiento.

Me temo que eso no es triunfar, a mí me parece una forma disfrazada de fracaso.

O más bien, se trata de premios de consolación por no saber cómo conseguirlo todo a la vez.

> La riqueza verdadera es a costa de nada (no tiene contraindicaciones ni efectos secundarios)".
>
> RAIMON SAMSÓ

La verdadera prosperidad (completa) es tenerlo todo a la vez, y la falsa es obtener algo y a la vez perder otra cosa.

Para mí, la riqueza se mide con la calidad de vida. Son muchas variables a tener en cuenta. Es como un lote. Y todas esas cosas buenas que contiene son atraídas por la felicidad sin causa.

Puedo entender que cuando se pasa mal económicamente uno se conformaría con ser rico e infeliz. Pero conformarse con una mala solución ahora, hará a que a la larga todo se pierda. Es mejor ser rico y feliz a la vez. Ya puestos a pedir...

Mira, la verdadera riqueza no te quita nada, no regatea contigo, no te pasa factura. Te da todo y lo hace una y otra vez. Te colma de bendiciones en todos los órdenes de tu vida. Respecto al dinero, ganas el juego del dinero sin perder en el juego de la vida. ¿Quién dijo que había que elegir? Solo los bobos lo hacen.

¿Qué prefieres, ser rico o ser feliz?

¿Qué prefieres, ser rico o ser buena persona?

¿Qué prefieres, ser rico o tener amigos?

Vaya chorrada de preguntas. Yo nunca tuve esos absurdos dilemas porque elijo todo a la vez.

Y es que la prosperidad verdadera está basada en el amor, la pasión, el servicio y el disfrute..., por eso es completa y duradera. Es energía positiva que envuelve todos tus asuntos y los empodera con el buen rollo. Es una riqueza fluida, natural y sin esfuerzo. Es acorde con la vida consciente.

La "riqueza falsa", sin embargo, te proporcionará algunos billetes de juguete que salen caros. La "riqueza verdadera" te proporciona fajos y más fajos de papel moneda de curso legal... y mucho más.

La "riqueza verdadera" es todo sin excepción. No exige elegir entre esto o aquello, ganar para perder. Y al carecer de efectos secundarios no es a costa de otra cosa.

Cuando empezaste esta lectura creías que tu dinero provenía de tu profesión o de tu negocio. Ahora sabes que procede de ti. Después viste que servir es más rentable que servirse de otros.

También has descubierto que tu negocio no es lo que haces, lo cual es casi irrelevante, sino que el Espíritu, la Fuente, es tu negocio real. Tu negocio es el Espíritu.

¿Te das cuenta de que tu programa mental para la riqueza se ha actualizado con un *up grade* que te llevará al paraíso financiero? Sigue leyendo porque esto se pone cada vez más interesante.

Pero antes de ascender al Olimpo de los millonarios, conozcamos la naturaleza del dinero.

· · ·

CLAVE 16: EL DINERO ES ENERGÍA EN CIRCULACIÓN

No soy científico, más bien soy de letras. No entiendo muy bien la famosa formula de Einstein, aunque me llama la atención el hecho de que relaciona materia, energía y luz. Tengo la sensación de que el universo, incluidos sus habitantes, no es más que una ensalada de esos tres ingredientes: luz, energía y masa.

Recuerda, la famosa fórmula: $E=mc^2$, significa que la energía de un cuerpo en reposo (E) es igual a su masa (m) multiplicada por la velocidad de la luz (c) al cuadrado.

Y creo que ese principio es aplicable a todo lo que se encuentra en el universo conocido, incluido el dinero que hay en tu cartera. Por un lado, el dinero es sólido (billetes, monedas, tarjetas...), pero es energía (mueve a personas, negocios, ideas...) y a la vez proviene de la Luz (la abundancia sin límite). Me cuadra.

Ahora, volvamos a ti, ¿la energía que mueves en tu vida favorece o no la afluencia de riqueza? Haz un examen de tu relación con el dinero y saca tus conclusiones. Los resultados no engañan, amigo. Lo que ves describe a la perfección lo que no ves. No olvides que la única función del mundo es mostrarte en 3D (y en *Dolby surround*) lo que eliges creer.

Las causas que operan en la dimensión no visible, se muestran "de repente", y manifiestan efectos sin que parezcan tener relación con nada. Pero que no conozcas la razón no significa que no existan razones. ¿Dónde está el interruptor invisible de la riqueza? En tu mente, que será una de estas dos cosas: economía pobre o economía rica.

Es un botón que está dentro de ti. On y Off. En el juego del dinero todo se reduce a un código binario. Encendido, apagado. Activado o desactivado. Rico o pobre.

> Si para conseguir tu propósito debes perder algo más, no estás siendo abundante. Te estás haciendo trampas".
>
> RAIMON SAMSÓ

Por favor, no te robes a ti mismo. Ya tienes bastante con los políticos que saquean tu país. No lo empeores.

La pobreza es un malentendido monumental dentro de la fantasía de esta película gore que llamamos vida: "Aventuras y desventuras del ego en el planeta Tierra". Las peripecias del ego con el dinero son una película mental estrafalaria. Pero el guión puede reescribirse a cada momento.

Despierta lector, tu trabajo consiste en sembrar semillas abundantes de riqueza. El resto corre por cuenta del Absoluto (que hará que germinen en el contexto adecuado). Te corresponde la parte sencilla del plan, lo que se dice "plantar árboles de dinero" (de ahí el título de este libro).

Cuando las semillas caen en terreno apropiado, germinan y dan fruto. Es la ley de la naturaleza. En ese proceso, influyen tantas variables que es improbable ser consciente de todas ellas. Y esa es la parte que el Absoluto hace a la perfección. Por lo que no importa saber cómo lo hace ni cómo funciona el universo, mejor úsalo.

Por lo pronto, activa las causas de riqueza extrema y hazte a un lado para no estorbarte. Lo que es seguro es que nada es más inevitable que una semilla a la que le ha llegado el momento de fructificar. Es imparable.

Ya se ha dicho antes de hoy: "Algo hace no sabemos qué". Seguramente te has preguntado muchas veces: "¿Pero por qué sucede esto?, ¿por qué a mí, por qué ahora?". Y es hora de responder estas preguntas de una vez por todas.

CLAVE 17: NUNCA SUCEDE NADA POR AZAR

Vuelve a leer este titular y pon énfasis en las dos palabras clave: "nunca, nada". Sí, nunca y nada, sin excepciones ni "casos especiales". Porque lo que sucede con tu economía es tan preciso como que todos los pelos de tu cabeza están contados. Nada de azar, arbitrariedad o mala suerte. En este tratado de riqueza, la probabilidad está descartada. Se basa en la certeza.

Nadie afronta una situación económica sin ser responsable de ella.

Las cosas suceden debido a que son inevitables por las semillas plantadas con anterioridad; no pasan por casualidad. Son exactas, milimétricas, precisas. Cada intención, acción, emoción, pensamiento y palabra, ya sean públicas o privadas, quedan registradas en el éter sin que el tiempo las disuelva. Ese potencial escondido ha de convertirse en realidad porque esa es su naturaleza. Es inevitable.

Para cada evento existe una o muchas causas involucradas, pero están tan lejos en el tiempo que es difícil establecer una relación de causa efecto con lo que ocurre ahora. Y sin embargo, nada sucede porque sí, o por azar. Todo efecto proviene de una causa, como toda fruta nace de una semilla. No hay ninguna fruta que no provenga de una semilla.

No es fácil descubrirlo debido a que el tiempo (el juego del escondite) oculta en el pasado las causas de lo que hoy emerge en el mundo. En la experiencia mundana las cosas parecen suceder "de repente", pero eso es solo una impresión superficial. Lo súbito se cocinó tiempo atrás. Lo repentino se engendró mucho antes. Lo casual tiene justificación. Todo fruto ha sido sembrado y por tanto será cosechado.

A cada momento ves materializadas tus impresiones mentales previas (*karma* financiero) que sembraste días, meses, años, vidas, eones... atrás. No existe tal cosa como el azar, lo arbitrario o lo accidental. Eso es un cuento.

 Nada ocurre sin una causa. Que desconozcas la razón no quiere decir que no exista".

RAIMON SAMSÓ

La separación entre la causa y el efecto se llama tiempo. Es la brecha entre causa y efecto, y es donde se esconden las razones de todos los acontecimientos mundanos. Si el tiempo desapareciese de pronto ya no habría decisiones que tomar, porque la causa estaría pegada al efecto y todo sería muy obvio. Pero mientras usemos el tiempo como herramienta de aprendizaje, será allí en donde se almacenan las causas.

El tiempo es el enemigo número uno de los negocios: crea incertidumbre. La incertidumbre crea el enemigo número dos de los negocios: las decisiones. Toda decisión -en un contexto de incertidumbre- es una apuesta. Las apuestas son el enemigo número tres de los negocios: las pérdidas. Ahora ya entiendes por qué nueve de cada diez negocios cierran antes de los cinco años. En realidad, no son negocios, son "casas de apuestas" y por eso fracasan.

Si plantas una semilla, con las condiciones apropiadas, nace un árbol. La semilla es causa, y el árbol es efecto. Pero una vez que la semilla germina, la semilla desaparece como tal: se vuelve un árbol. ¡Necesitas más semillas! Sin embargo, esta semilla está presente en el árbol y siempre lo estará. Nadie puede ver la semilla pero el árbol atestigua su existencia como causa.

Entre una semilla y su árbol se interpone el tiempo.

Ahora, imagina el no-tiempo. En ausencia de tiempo todo es certeza (todo ocurre a la vez). Por tanto no hay nada que decidir, todo está más que claro. La certeza no exige la toma de decisiones erráticas (las cuales solo generan más decisiones, más dudas y más incertidumbre). No hay sorpresas, el éxito es seguro, todas las veces.

Sí, en tu mundo el tiempo existe (el escondite de las causas) pero en el Ser no hay tiempo ni espacio, todo es Uno. Es ahí donde gestionarás las semillas de tu riqueza inminente.

Posdata: No creo en las decisiones del ego, pues se toman desde la incertidumbre. Para conseguir riqueza verdadera, completa y duradera, deberás trascender el pequeño yo. ¿Listo para la riqueza sin ego?

CLAVE 18: RIQUEZA SIN EGO

Ya tienes un plan para la riqueza extrema (o deberías tenerlo a estas alturas). Pero no sabes cómo ejecutarlo y no me extraña. Quieres estar al control de todo el proceso para evitar fallos. Pero no te das cuenta que quien decide, el ego, carece del poder necesario para ejecutar el plan.

El ego dispone de fuerza pero no de poder. El poder pertenece al Espíritu.

Mientras el ego se devanea los sesos haciendo planes, el Espíritu es el Plan.

Y si quieres ejecutar un plan de riqueza usando la fuerza... No funcionará. ¿Entiendes que forzando las cosas solo te desgastas? El uso de la fuerza te resta energía. Solo el poder te proporciona energía.

Entiende que no podrás librarte de lo que crees ser mientras te identifiques con ello. El único modo que se me ocurre para operar desde el Espíritu es desenmascarar el ego y reírse del malentendido.

Tu mente es un puente entre la realidad interna y el mundo externo. Y aunque todo sucede a través de tu persona, nada proviene de tu yo minúsculo. Este se limita a ejecutar las acciones más básicas, como crear un negocio o buscar un empleo. El ego no sabe hacerte rico de forma consistente.

El ego gana dinero, el Espíritu crea dinero.

En mi caso, como escritor, me considero solo un lápiz (un instrumento). Cuando decido escribir, se desencadena un proceso en el que mi mente se pone al servicio de la Mente Uno. Me pongo en modo creativo y dejo que suceda la magia. Todo es muy fluido porque no pretendo ganar nada.

Y tú, en lo más profundo, eres también "mensajero de la abundancia". Tu bienestar financiero no procede de tu ego sino del Ser. No te infles de orgullo con los primeros buenos resultados. Creer que eres el artífice de todo lo conseguido es desconectarse de la Fuente.

Cuando olvidas el origen de la riqueza extrema, niegas tu super poder, es el principio de la decadencia.

> Nadie consigue nada por su propio lado. Todo ocurre a través de ti".
>
> RAIMON SAMSÓ

Vuelve a leerlo porque es uno de los mantras de riqueza verdadera más potentes que conozco.

A mí me relaja saber que algo, infinitamente poderoso, está al mando de mis asuntos mundanos. Menudo descanso es delegárselos.

El ego no entiende de prosperidad. Se expresa de dos maneras: o bien desprecia, condena y odia la riqueza; o bien, se vuelve codicioso, se aferra y ciega por la obtención de riquezas a cualquier precio.

Hay un ego "espiritual" que repudia el dinero.

Hay un ego superficial que adora el dinero.

Los dos son economía pobre. Ninguno de los dos es real, son dos fantasías identitarias que conducen al sufrimiento financiero. Ni una postura, ni la otra, entienden que la prosperidad es nuestro estado natural al que no podemos escapar cuando honramos nuestra naturaleza real.

Por esta razón es muy importante que cuando el flujo de abundancia se active, y retorne al sí mismo de donde nace, no cebar al ego con el orgullo. La riqueza extrema es un atributo natural que se bloquea con la resistencia a reconocer que somos seres espirituales creando una experiencia abundante. Cuando nos desconectamos del Espíritu, entramos en la carencia, escasez y pobreza.

El yo minúsculo del ego desaparece cuando el Yo real aparece. En ese momento no hay por qué preocuparse de los detalles, eso es lo que significa tener certeza del éxito completo (la riqueza segura).

CLAVE 19: RIQUEZA SEGURA

Ya habrás oído que nueve de cada diez negocios cierran en los primeros años. De lo cual se deduce que el éxito es raro y huidizo; parece como si nada fuese predecible.

El mundo de los negocios es solo un ejemplo de lo que ocurre en todos los aspectos de la vida (relaciones, salud, felicidad...). Algunas cosas parecen funcionar bien una vez y no tan bien otras. A algunos les va mejor que a otros. Pero a nadie le va bien siempre, y en todo.

¿Por qué ocurre esto?

Lo que buscan la mayoría de mortales es una receta exitosa. Pero, ¿y si no se tratara de algo que hacer? ¿Y si se tratase mas bien de no hacer? Nos acercamos poco a poco a la riqueza segura.

Retoma tu proyecto o negocio con este nuevo enfoque:

Lo primero que debes tener claro es que si ahora no disfrutas del éxito deseado, lo que haces no tiene el poder de conducirte a ello. Acepta que ya no da más de sí. Si estuviera en su mano dártelo, ya estarías disfrutando de la verdadera riqueza (y tal vez no leerías este libro).

Admite que si tus resultados son muy mejorables es que has de mejorar antes tu estrategia. Por ello te ruego que dejes de hacer lo que estás haciendo (o al menos que lo hagas de otra manera).

¡Detente! Tu camino no te conduce a donde te diriges. Deja de hacer lo que no te ha funcionado. No tiene sentido insistir en recetas equivocadas.

Si tantas personas fracasan en la obtención de riqueza es porque no se sienten seguras de qué conduce a ella. Dudan porque operan en la dimensión de las probabilidades: a veces sí, a veces no.

> En la certeza, el éxito sucede el 100% de los casos
> y el 100% de las veces".
>
> RAIMON SAMSÓ

La incertidumbre es consecuencia de la desconexión, de la falta de autoconocimiento y del esfuerzo del ego carente del poder del Espíritu.

Si lo deseado no sucede es porque no diste con la verdadera causa. Conocerla es tanto como pulsar el interruptor que activa el resultado seguro. Pregúntate: ¿Qué es el origen de lo que busco? Siempre que quieras conseguir algo pregúntate cuál es la causa verdadera (no las aparentes).

Cuando te fijes en los mega exitosos del dinero repítete: "He ahí a alguien que tiene el sistema". Sí, en efecto, es alguien que dispone de un método probado (plantilla) para conseguir lo que desea. Conoce la causa de la riqueza extrema y segura. Y la replica una y otra vez, aquí y allí, en esto y en lo otro.

Si no estás en posesión de un método certero, descarta lo que no te funciona. La riqueza es una ciencia exacta, matemática, que resulta todas las veces de aplicar sus causas reales.

Mi consejo es: hazte rico cuanto antes para pasar a otra cosa.

CLAVE 20: RIQUEZA Y FELICIDAD

Siempre me ha sorprendido que se relacione la riqueza con la felicidad.

Me extraña tanto como tratar de vincular, por ejemplo, la riqueza y los tochos cerámicos, o la felicidad y las tuercas de acero de 6mm... No sé, me parecen cosas sin relación alguna, sin causa y efecto.

Buscando y rebuscando algún punto de conexión entre ambos conceptos (riqueza/felicidad), se me ocurre que ambos son una elección personal. Pero poco más, en serio.

Si me preguntasen que va primero, elegiría la felicidad. La gente feliz tiene más posibilidades de atraer la riqueza, porque es un estado de ánimo atrayente de cosas buenas, incluido el dinero. A mucha gente le digo: "Si quieres ganar más dinero has de sonreír más".

$$Felicidad = Riqueza$$

A mí me gusta ser feliz sin causa alguna, sin requisitos, "por la cara". Bueno, ya he dicho que la felicidad es una elección que no tiene mucho que ver con las circunstancias por las que pasas.

La próxima vez que alguien te relacione ambos conceptos, riqueza y felicidad, pregúntale: "¿Qué tienen que ver los ajos de China con los relojes suizos? Y cambia de conversación a un tema más productivo. O agita la cabeza a un lado y otro y déjale allí plantado.

Seré claro, tus círculos sociales te pueden perdonar que seas rico pero no te perdonarán que seas rico y feliz a la vez (es demasiado para ellos). Y como tú no quieres incomodarles, no osas disgustarles, te lo replanteas: o rico o feliz. Y acabas sin la mitad del pastel. Mal negocio.

Hay gente rica que no es feliz.

Hay gente feliz que no es rica.

Hay gente feliz y rica a la vez.

Pero pocos son los que se atreven a ser ricos y felices a la vez.

Los humanos son duales y funcionan así: o lo uno, o lo otro. Eligen entre A y B. Los no dualistas elegimos A y B, y añadimos C, por si acaso.

 Nada es a costa de nada a menos que alguien decida que debe ser así".

92

La felicidad y el éxito (incluida la riqueza) tienen algo en común: no se consiguen luchando por ellos. Pero tú, que ahora entiendes cómo funciona la riqueza segura, eliges todo a la vez. Porque sabes de *dónde* provienen y tienes la certeza de que de allí de donde lo conseguiste hay mucho más. Infinitamente más.

CLAVE 21: EL ADN DEL ÉXITO FINANCIERO

El éxito al que me refiero no tiene nada que ver con la fama y la popularidad. Eso es otra cosa. Para mí, el éxito es anónimo y silencioso. Lo defino así: llevar la vida que quieres y ser la clase de persona que deseas. Punto.

Aclarado que el éxito es una elección, espero que te reconcilies con esa palabra que se considera "poco espiritual", "materialista", "egoísta", "narcisista"... chorradas. Solo una mente pobre podría verlo así.

Soy de los que piensan que estamos diseñados para el éxito. El éxito forma parte de nuestro ADN. Y si no ejercemos ese don debe ser por alguna falla en nuestra programación mental. Ser exitoso debería ser lo normal. Y no ser exitoso, una anomalía incomprensible y anticonstitucional.

Vivimos una epidemia de infelicidad, sufrimiento, pobreza, ansiedad, depresión, preocupación... ¿Cómo hemos llegado a este punto? Por lo pronto, por el olvido de nuestra auténtica naturaleza, y por un implacable adoctrinamiento cultural para no creer en nosotros mismos. Hay partidos políticos que son una fábrica de perdedores y de mentes pobres para que estos les voten a ellos.

La buena noticia es que los libros, como este que lees, les van a desmontar el circo y el chiringuito. Estoy aquí para decirte alto y claro que en nuestro ADN siguen latentes las semillas del éxito.

 No busques el éxito, busca mejor todos los obstáculos que has establecido entre él y tú".

RAIMON SAMSÓ

En este punto de la lectura toca dar un paso al frente y ahora voy a proponerte el atrevimiento de renunciar al éxito. No digo que no lo desees y lo tengas, digo que no lo busques. Mejor busca su éxito (el de tus clientes) y no el tuyo. Lo que conseguirás supera al éxito tal como lo entiendes ahora. En cualquier caso, más que perseguir el éxito, consigue que el éxito te persiga a ti.

¿Recuerdas de la clase de biología cómo se representaba la cadena del ADN? Si observas la estructura del ADN verás dos hélices entrelazadas y unidas por puentes.

En la vida encontrarás dos dimensiones entrelazadas entre sí de forma inseparable: el ámbito de la materia y el ámbito de la energía. Sin uno de ellos la cadena se rompe y el universo colapsa y desaparece. Recuerda la fórmula de Einstein: materia y energía.

En la cadena de ADN del éxito he identificado las 2 hélices:

1. Dimensión material, física y mundana.
2. Dimensión espiritual, mental y emocional.

Si quieres tener éxito deberás operar en ambos contextos y unirlos con los puentes. En la cadena de ADN del éxito destaco los 12 puentes:

1. Unidad.
2. Coherencia.
3. Autoconocimiento.
4. Gratitud.
5. Imaginación.
6. Creatividad.
7. Confianza.
8. Compromiso.
9. Disciplina.
10. Humildad.
11. Paciencia.
12. Persistencia.

Si quieres tener éxito financiero deberás construir todos esos puentes entre tus dos dimensiones. Por ser puentes invisibles, avanzar a través de ellos supone un inmenso acto de fe en ti mismo. Ocurrirá algo extraordinario: no estarás a la venta, no te moverás por dinero, nadie podrá ponerte precio, serás insobornable... (recuerda que ya eres rico). Y eso te hará increíblemente interesante, libre y atractivo.

Hazte rico cuanto antes para liberarte de la necesidad de dinero.

En lo que atañe a tus finanzas, deberás asumir que el saldo de tu cuenta bancaria crecerá en la medida en que construyas puentes entre lo invisible y lo visible.

Finalizo con la pregunta: ¿Qué es primero, el éxito o la felicidad? Como se trata de un *Koan*, no hay una respuesta evidente. Pero yo sé que puedes conseguir todo a la vez.

¿Tú que dices?

6

CÓMO SEMBRAR LA TERCERA SEMILLA

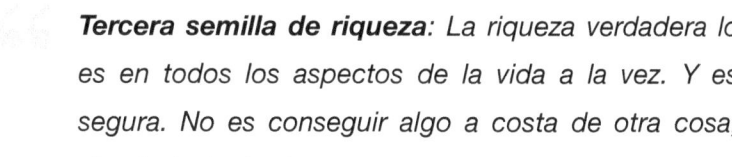

Tercera semilla de riqueza*: La riqueza verdadera lo es en todos los aspectos de la vida a la vez. Y es segura. No es conseguir algo a costa de otra cosa; sino todo, todas las veces.*

Cómo descartar la riqueza con trampa

Soy de los que me creí el cuento de "todo por el éxito". Y así fue, casi pierdo todo. Pronto descubrí que hay éxito verdadero y éxito falso. Cuando me atrapó el éxito con trampa, entendí una forma nueva de pobreza escondida y enmascarada, la riqueza engañosa.

Por ejemplo, cuando decidí establecerme como *freelance*, acepté reducir la cifra de dinero que entraba en mi cuenta. Me dije: "Como hago lo que me gusta, no importa si gano menos". Error. Ese intento de consuelo no duró mucho: mis proveedores no pensaban lo mismo y siguieron cobrándome igual que siempre. La felicidad no va a llenarte la nevera, tenlo claro.

Hasta que no me pregunté: "¿Cómo hacer lo que me apasiona y además doblar mis ingresos?", no pasé a otro nivel. Y lo que hice entonces fue minimizar los "efectos secundarios" de mi "éxito". Me pedí más tiempo libre y más ingresos.

Hay escritores pobres y escritores ricos y yo iba a formar parte de este segundo grupo.

Tomé cartas en el asunto, por aquel entonces ya era escritor pero me convertí además en hombre de negocios. Iba a mutar mi pasión en un negocio fabuloso. Y convertir mi ocio en un negocio. O eso, o volvía al redil, al banco del que dimití. Y como esa perspectiva no me emocionaba nada, puse toda la carne en el asador.

- *Raimon, lo he pensado muchas veces: si no consigo ser rico, al menos me dedicaré a un trabajo que me guste. Y lo que pierdo por un lado, me compensará por el otro. A fin de cuentas no se puede tener todo en la vida. ¿No?*

- *Estoy de acuerdo, Álex, en que no se pueden satisfacer todos los caprichos del ego, que son infinitos. Pero desde luego sí conseguir lo que de verdad quieres: un trabajo apasionante y próspero a la vez no es pedir tanto.*

- *¿Y cómo sé si mi sueño procede del ego como capricho, o del espíritu como propósito de vida?*

- Es fácil, aquello que te da más paz es más cierto y verdadero. Lo que te lleva al sufrimiento es una nueva mentira del ego. Cuando tomes una decisión, relacionada con el dinero y los negocios, pregúntate: "¿Esto me conduce a más paz o a menos?".

- No parece una mala referencia.

- Es infalible. Si pierdes algo por el camino es que no es tu camino, es un precipicio. Fácil, ¿verdad? Tú ya sabes todo, escucha tus intuiciones y te dirigirás hacia la riqueza extrema.

Lector, no te engañes: el verdadero éxito no consiste en premios de consolación. Es el premio gordo, todo a la vez sin amargas renuncias.

En la práctica: averigua qué te gusta tanto que lo harías gratis y después cobra un dineral por hacerlo. Objetivo hacer lo que te hace feliz y forrarte con ello. Y no me digas que no se puede, muchos han podido. Este ejercicio es para tu autoestima, pon precio a tu ideal. Sé caro, no barato. Pídete más, no menos.

Cómo reducir la jornada completa a media

Aún recuerdo los primeros años de mi proyecto como autor en los que trabajaba doce horas al día. Convertir mi profesión en un negocio real era mi prioridad. Pero trabajaba demasiado, y eso no era vida.

Un día entendí que tener un negocio a costa de no tener vida era un mal camino, se parecía mucho a fracasar. Y yo lo quería todo, y a la vez.

Y pensé: "Voy a comprimir toda la jornada en la mañana". ¿Cómo? Empecé por el final: libré las tardes, y como mi agenda empezó a resentirse y el trabajo se acumulaba, no me quedó más remedio que recortar mis tareas a la mitad. Prioricé y descarté. Listo, con medio día conseguía lo mismo. Con el tiempo, más.

- Eso es hacer trampas, si haces la mitad consigues y ganas la mitad.

- No Álex, hacerse trampas es lo contrario: ocuparse en lo que no hace falta hacer. Deberías saber que el 80% de tu trabajo solo genera el 20% de tus ingresos. Si prescindes de esa parte, ocurrirá que con el 20% de trabajo conseguirás el 80% de resultados. Mejor, ¿verdad?

- ¿Y quién hará lo que ya tú no haces?

- Nadie, Álex. Menos es más. Tienes que conectar con la Luz que mora en ti, y desde allí recibirás la guía para ser exitoso en todo a la vez. Dedícate a lo que aporta mayor valor y descarta el resto. Trabaja para la gente interesante y desestima el resto. Ganarás más y trabajarás menos.

Prescindir de un 20% de tus ingresos es renunciar a una buena tajada. Pero cuando entiendes que esa renuncia libera un 80% de tu tiempo, pronto acabas ganando más al dedicarte a otras cosas.

Lector, has estado extraviado en un inmenso laberinto de tareas, pero este libro te saca de ese enorme lío. Cualquier negocio puede complicarse hasta el delirio. Tu trabajo no es terminar tareas sino sistematizarlo, subcontratarlo y repartirlo entre colaboradores entusiastas. Como me dice mi asesora fiscal: "Raimon, tú a lo tuyo que es escribir libros y déjame el resto a mí". Dicho y hecho. Aplicando la delegación radical y tres asistentes conseguí mi semi retiro anticipado.

En la práctica: empieza a restar actividades improductivas y recorta hasta la extenuación. La goma de borrar y las tijeras son tus dos principales herramientas. Y tu obsesión, encontrar respuestas variadas a la pregunta: "¿De qué voy a deshacerme hoy?".

Cómo conseguir el estilo de vida ideal

Pensar que cuando las cosas vayan bien, y todo esté en orden, serás feliz... es un engaño. Siempre aparecerá algo que desequilibrará tu ideal. Una urgencia, un imprevisto. Los incendios de pronto se declaran aquí y allá. No sé tú, pero yo jamás conseguí estar al día en mi trabajo. Siempre surge algo inesperado. Siempre hay algo pendiente.

- Calculo que en dos años viviré tal como quiero, estoy en ello Raimon.

- Te engañas. Dentro de dos años, Álex, estarás resolviendo problemas como ahora. La única elección estriba en si serán de

cien dólares o de mil dólares. Tienes que empezar por el final o no llegarás a tu ideal. Elige tu estilo de vida ideal hoy y, después desde allí, acomoda todo para que nada se interponga entre tú y tu objetivo.

- ¿Empezar por el final? No es eso lo que me han enseñado.

- Cierto, te enseñaron mal. Todo se origina en un enorme malentendido que aún no ha sido desenredado. Me temo que te adiestraron para conseguir menos que poco. La mediocridad es la normalidad.

- Por primera vez te oigo hablar de culpables.

- No te confundas, Álex. La responsabilidad está en tus manos. La cuestión no es lo que te han dicho o hecho, sino lo que harás tú. Tú eres la causa de lo que ocurre o no en tu vida. Tus profesores o padres no te podían enseñar lo que no sabían. Todos somos, si acaso, víctimas de ignorantes y, por ello, de inocentes. No hay culpables.

- Soñar es peligroso, si un sueño no se cumple, te frustras. Ser realista te protege de las decepciones.

- Si de verdad fueras realista, conocerías tu identidad real; y actuarías en el mundo de las cosas desde la realidad única, tu Yo Soy. Superarías tu adicción a la materia y a la Matrix. Y eso te haría libre y poderoso.

Como autor de desarrollo personal me di cuenta de que no debía sacrificar bienestar por prosperidad; o al revés, sacrificar prosperidad por bienestar. Eso sería una estafa, un mal negocio... Un autor de superación personal debe ser un ejemplo impecable de lo que predica. Y no podía ser incoherente con las enseñanzas de mis libros. En mi caso, me comprometí públicamente, puse por escrito mi ideal de vida. Al hacerlo público, se convirtió en un compromiso y entonces no me quedó más remedio que cumplir.

Por ejemplo:

Si te estableces como nutricionista, y eres honesto, deberás comer sano por el resto de tus días.

Si te posicionas como experto en finanzas, y eres honesto, deberás tener tus cuentas bien arregladas.

Si ayudas a otros, como coach, a conseguir el éxito, y eres honesto, deberás ser exitoso en tu carrera y en tu vida.

No basta con tener buenas intenciones (todo el mundo las tiene). Nada es más convincente que los hechos. Dar ejemplo es una satisfacción impagable que ayuda más que las palabras.

Además, dar un buen ejemplo es tu mejor diploma. Con el ejemplo personal desatas una de las fuerzas más creativas del universo: el poder de la coherencia (es decir, me aplico lo que predico). Si la persona promedio imaginase cuánto puede conseguir desde la coherencia, sería raro encontrar tanta flojera y la frustración se esfumaría del mundo.

En la práctica: Sé un vivo ejemplo de tus sueños. Conviértete en tu deseo por tus hijos. Ellos no aprenden lo que dices, sino lo que eres. Si te fallas, les decepcionas y les mal enseñas.

No tengas éxito económico por ti, tenlo por ellos, para que vean de primera mano que el éxito financiero es posible y así aprendan de ti.

Cómo conseguir el objetivo de "no tener objetivos"

- Y Tú Raimon, ¿cuál es tu sueño, tus objetivos?

- Soy un coach sin objetivos. Mi único objetivo es no tenerlos.

- Ja, ja, ja, ja, ja. ¡Eso es en sí mismo otro objetivo!

- Cierto, pero es el último de ellos. Es el objetivo que acaba con todos. Nada que lograr, todo está ya conseguido. ¿No es liberador? Imagina levantarte por la mañana sin perseguir nada, y aplicando tus energías a disfrutar de lo que más me gusta, los libros. Pues así es mi vida.

- Pero, si sabes cómo conseguir todo, ¿por qué no vas a por más?

- Porque no necesito probar nada a nadie, ni demostrarme nada a mí mismo. Vivo libre de la necesidad de conseguir aprobación ajena. Y el juego no está en conseguir más sino en ser mejor. Se trata de ser feliz jugando el juego porque ya lo has ganado de antemano, y entonces juegas por jugar. Como siempre digo: yo ya estoy, ya gané.

Como *coach*, estaba habituado a plantear los objetivos de forma separada: las ocho áreas de desarrollo de la vida. La famosa "rueda de la vida" (familia, amigos, relaciones de pareja, salud, diversión y ocio, trabajo, finanzas y economía, desarrollo personal). Pero ahora sé que el éxito verdadero es holístico (todo a la vez) o no lo es.

Finalmente entendí que la separación era un error. Solo es éxito para el ego. Pero ni es completo, ni es duradero. No me interesaba dividir a trocitos mi felicidad. Como era ambicioso, lo quería todo. Nada de premios de consolación, eso es para las mentes flojas. Cuando sabes quién eres, no tienes oposición y la vida conspira a tu favor.

Cuando abandoné mi empleo convencional en la banca, hice una apuesta de "todo o nada". Y desde entonces he subido esa apuesta a "doble o nada", el todo por el todo. Ya que dejé mucho atrás no iba a conformarme con poco que ganar. Y tampoco iba a desperdiciar mi verdadero potencial.

Sentía que debía ir hasta el final, y afrontar el "éxito holístico" como un todo, no por partes. Y llegué a la conclusión de que existe un solo objetivo en la vida: el despertar de la consciencia a una elevada dimensión del Ser en el que lo eres todo. Desde ese nivel de conciencia cualquier resultado es pan comido.

En pocas palabras, mi único propósito consistió en desprenderme de los objetivos superficiales y alcanzar una consciencia desde donde los deseos se manifiestan con facilidad.

Objetivo: despertar al estado de conciencia de la "prosperidad verdadera".

Resultado: éxito simultáneo en todas las áreas de la vida.

Y así hasta el día de hoy, en que vivo la vida que siempre deseé. Incluso es mejor a lo soñado.

En la práctica: toma tus decisiones basadas en esta simple pregunta: *"¿Esto me conduce o me aleja de mi ideal holístico?"* Si sientes que es una renuncia, o un sacrificio, o es incoherente con tus prioridades, descártalo. En caso contrario, intégralo.

Cómo no perderse en lo trivial y enfocarse en lo prioritario

Cuando el dinero ya no gobierna tu vida, eres libre. Pero para que el dinero no gobierne tu vida antes deberás resolver el tema del dinero de una vez por todas (sí, para siempre). Yo les pido a mis lectores y mentorizados que, por favor, sean ricos cuanto antes para que así puedan pasar a otra cosa. Hay muchos asuntos interesantes en la vida y no solo estar pendiente de generar suficientes ingresos.

Sé rico para ser libre. Y sobre esa libertad edifica tu vida ideal.

Una vez resuelto el tema del dinero, preferiblemente de por vida, ya no vale hacer las cosas solo por dinero. El dinero por el dinero ya no te mueve. Por eso lo llaman libertad financiera. Eres libre de su yugo. Entonces pasas a hacer solo aquello en lo que crees y amas.

Y eso retroalimenta el círculo virtuoso de la "riqueza extrema", ganas mucho más si trabajas por un "para qué" poderoso y no por dinero. Lector, ¿cuál es tu *para qué* ir cada día a trabajar? (Ganar dinero no vale, ya sabes que eso viene después como una consecuencia). Antes de hacer algo, pregúntate cinco veces seguidas *para qué* hacerlo. Es una técnica japonesa de mejora de procesos de decisión.

Si con un trabajo o negocio ganas un buen dinero pero te pierdes a ti (traicionas tus valores, principios, creencias) el saldo consolidado es cero. Ganas y pierdes.

La tercera semilla de riqueza siembra la prosperidad en todo a la vez, sin que sea a costa de nada. Cuando los árboles del dinero dan su fruto, cosechas dinero sin importar si es o no temporada. El dinero crece todo el año.

Ganar dinero siendo desgraciado, o dejándote la salud mental y física, es fácil. Eso lo hace cualquiera. Lo interesante es ser rico y feliz a la vez. Yo prefiero lo último o nada (la primera opción ya la descarté cuando vi a dónde me llevaba). ¿Y tú?

Priorizar es un hábito de riqueza. La prioridad de los ricos no es ganar más dinero (esa es la de los que ganan poco), sino disfrutar más de la vida.

- Raimon, ¿me pides que disfrute con una mala paga?

- No te enfades, Álex. Si el salario no es bueno, eso es tu responsabilidad, no la mía. ¿Por qué aceptaste una retribución por debajo de tu nivel de merecimiento? Solo digo que si aceptas poco dinero, no estarás preparado para disfrutar con sumas

mayores de dinero. Estás donde debes estar, y si quieres pasar a algo mejor, tú deberás ser mejor y pedirte más a ti.

- Estoy en ello.

- Ya he oído esa expresión muchas veces y me suena a dar vueltas en una rotonda.

- Touché. Es verdad, es una excusa. Hace años que me lo repito... Creo que he de pasar a la acción. Me cansé de esperar.

- Eso es Álex. Combina la acción interior con la acción exterior. Prioriza para conseguir más. No le des explicaciones al mundo, ni excusas a ti mismo, dale resultados. Hechos.

- ¿Algún consejo?

- Sí, acepta que estás donde estás, acerca del dinero, porque eso es lo que tú mismo creaste. Si quieres más, deberás dejar de enfadarte con tu situación actual, asumir que todo procede de ti, y disfrutar sembrando semillas de riqueza extrema para el futuro.

- ¿Eso es todo?

-Sí.

-¿Todo?

- ¿Te parece poco? Es una auténtica revolución existencial. Es tu mundo al revés. Del victimismo al protagonismo.

En mi caso, decidí ser fiel a mis valores y prioridades y excluir todas las necesidades de mi ego, incluida la del dinero. No caí en lo que sigue en la lista y me mantuve en lo prioritario... y es así como salí a flote:

- Aceptar encargos que no encajaban con mis valores.
- Trabajar en exceso para acelerar resultados.
- Asociarme con personas alejadas de mi visión.
- Llenar la agenda a costa de perder calidad de vida.
- Regalar porque no me atrevía a cobrar.
- Bajar precios para vender más pero ganar menos.
- Acostumbrarme a lo bueno y renunciar a lo mejor.
- Gobernarme por el miedo a perder.
- Decir sí cuando quería decir no.
- Tratar de agradar a todos y dejar de gustarme a mí mismo.
- Buscar aprobación ajena por no saber quién era yo.

Sí, la autenticidad es atractiva y atrae dinero. La vida se rinde ante quien es dueño de sí mismo. No ante su orgullo, sino ante su coherencia. La paciencia y la disciplina te lo dan todo, no necesitas ser un genio, ni siquiera inteligente. Basta con aplicarse a los hábitos de los ricos.

En la práctica: Pégate a tus valores como se pega un sello a una carta y no dejes de abrazarlos hasta que llegues a tu destino. Estos son los tres motores que te llevan a las estrellas y más allá: paciencia, disciplina y coherencia. El resto es irrelevante.

Por qué "todo a la vez" es más justo que "nada siempre"

El ego no cree posible que se pueda obtener todo a la vez y siempre compite porque es un juego de ganar o perder. Pero el Yo real no lucha, no tiene oposición. En el Uno, no hay oponente o enemigo. Nadie a quien sacar ventaja. Ninguna lucha que ganar. Esto es paz en estado puro.

"Lo exijo todo" es una petición de niño malcriado. "Lo soy todo" es reconocimiento del Ser conectado. Desde el Ser, "todo a la vez, siempre", no es pretencioso, ¡es la única posibilidad! Las personas exigentes se ahogan en el océano de la nada porque están desvinculadas de su Ser, la fuente de riqueza extrema. Piden a otros lo que no se dan a ellos mismos. Ese es su error, buscar en el lado equivocado.

Pero, ya acabando esta lectura, ten por seguro que vas a conseguir todo, todas las veces, siempre y cuando vivas desde el Uno.

"Todo, siempre" es más real que "nada de nada, siempre" o "algo algunas veces y otras no". Lo primero debería ser la normalidad; lo segundo y lo tercero son una anomalía. Entiende que el Absoluto se da todo a sí mismo y lo hace todas las veces.

- Pues ya ves. Por humildad me conformé con un buen salario y podré disfrutar de la vida durante el fin de semana.

- Te pides muy poco Álex porque desconoces tu auténtico potencial escondido. Eres como una secoya que se cree un

bonsái. He comprobado que el auténtico problema de la gente es que se pide demasiado poco. Y eso es la causa de que no hagan el esfuerzo para revelar su auténtica naturaleza y sus superpoderes.

- Es lo que hay.

- No, es lo conocido por ti. Pero hay mucho más allá. Que la mediocridad sea frecuente no significa que sea normal. ¿Cómo te metiste ahí?

Examina tus negocios y asuntos de dinero desde esta pregunta: ¿Estás perdiendo algo para ganar otra cosa? ¿Hay renuncias amargas? ¿Sacrificios? ¿Quejas?

Si sufres, tú mismo te estás crucificando.

Si quieres ser rico deberás jugar al juego del dinero con una mentalidad ganadora, y no perdedora. La gente a menudo juega a no perder, ¿entiendes porque no serán nunca ricos? Claro, porque no pretenden ganar. Ahora entiendes el conocido mantra de los exitosos: "Juega un juego más grande", y no es un tamaño, sino grandeza interior.

¿Cómo sería tu economía desde el todo-siempre?

En la práctica: pídete más, mucho más, no te regatees, no te estafes. Recuerda que eres el Absoluto, y lo único que te puedes conseguir es todo y todas las veces. Todo-Siempre.

———

Tres preguntas transformadoras:

1. ¿En qué aspecto de mi vida tengo escasez crónica?
2. ¿Qué se me hace huidizo y difícil?
3. ¿En qué momento todo se equilibra?

Semillas de riqueza extrema:

- *Me enfoco en lo que quiero ofrecer para así conseguirlo.*
- *Cubro cualquier necesidad ahora.*
- *Prospero en esto y en aquello, en todas las cosas.*

Afirmación simiente:

 Yo soy todo a la vez.

CONCLUSIÓN

- Una última pregunta, Raimon -quiso saber Álex-... Si es verdad que somos Luz perfecta, ¿cómo hemos podido crear un mundo de pobreza, sufrimiento y penurias?

- Álex, pongamos que la inteligencia más grande que puedas imaginar decide poner a prueba su creatividad y poder sin límites: fantasea con la pobreza. Y en un derroche de fantasía desbordante e imaginación de un imposible, inventa la carencia, la escasez, la pobreza. Pero como es una idea absurda e imposible, un nano segundo después de imaginarlo (en ese mismo momento sin tiempo) vuelve a la plenitud absoluta donde nunca falta nada y todo está completo...

- ...¿?

- ... Nosotros, el planeta, y el universo entero, es el resultado de ese nano segundo de duda. Y todo lo que ves aquí en el mundo de las cosas es fruto de una duda imposible que ya se ha *resuelto. Hay una parte de tu mente que nunca perdió su riqueza, es hora de recuperarla. Y para ello te recuerdo las tres semillas de riqueza...*

Primer secreto de riqueza verdadera: *Toda riqueza proviene de uno mismo y no de los demás. Pues solo uno mismo puede darse o quitarse todo a sí mismo. Tu dinero eres tú.*

Segundo secreto de riqueza verdadera: *La riqueza bendice a quien mejora la vida de los demás; cuántas más vidas afecta y más profundamente, más riqueza obtiene. Sirve para ganar.*

Tercer secreto de riqueza verdadera: *La riqueza verdadera lo es en todos los aspectos de la vida a la vez. No es conseguir algo a costa de otra cosa, sino todo, todas las veces.*

CONOCE AL AUTOR

Webs del autor:

www.elcodigodeldinero.com

www.raimonsamso.com

www.institutodeexpertos.com

www.tiendasamso.com

http://raimonsamso.info

Síguele en redes sociales:

 instagram.com/raimonsamso

 youtube.com/Raimonsamso

 pinterest.com/raimonsamso

VIDEOCURSO

En este nuevo videocurso *on line*, obtendrás: El Código del Dinero, Técnicas de Venta eficaces, y El Código de la Manifestación... para ser libre financieramente desde la consciencia. Tendrás acceso inmediato a los videos y a la plataforma con acceso de por vida.

Haz click en el enlace si sientes que ahora es el momento de despegar financieramente:

Secretos de Abundancia Revelados

Si estás leyendo esto es porque has intentado varias cosas y no te han funcionado. Y el material reservado que te propongo es pura dinamita para toda clase de limitaciones.

MENTORÍA CON EL AUTOR

Raimon Samsó, mentor de negocios conscientes

Si estás interesado en avanzar hacia otro nivel, te propongo mi mentora *on line*, te enseñaré -sin importar donde vivas, en cualquier parte del mundo- a ser un reconocido experto en tu tema, tal como yo hice.

Haz click en el enlace para descubrir lo que puedo hacer por ti como mentor:

www.InstitutodeExpertos.com

Contáctame, vía **Telegram,** para verificar si tu proyecto profesional es seleccionable para mi próxima mentoría grupal *online* **"Programa Experto"** entra a mi canal:

t.me/sabiduriafinanciera

Raimon Samsó
CÓDIGO
DINERO

RAIMON SAMSÓ
Dinero
feliz

SABIDURÍA
FINANCIERA
EL DINERO SE HACE
EN LA MENTE
EDICIONES INSTITUTO EXPERTOS
RAIMON SAMSÓ

D.I.N.E.R.O.
Mis 6 secretos
para retirarme rico
RAIMON SAMSÓ

EL HÁBITO DE LA RIQUEZA
MANUAL
DE
PROSPERIDAD
RAIMON SAMSÓ

RICA MENTE
EL JUEGO INTERIOR
DE LA RIQUEZA
RAIMON SAMSÓ

LOS
3 ÁRBOLES
DEL
DINERO
Secretos de Riqueza Verdadera
RAIMON SAMSÓ

EL PODER DE
LA DISCIPLINA
RAIMON SAMSÓ
EL HÁBITO QUE CAMBIARÁ
TU VIDA

Tu
MENTOR
de
NEGOCIOS
DESPEGA EN TU
EMPRENDIMIENTO
EDICIONES INSTITUTO EXPERTOS
RAIMON SAMSÓ

LA ERA DE LOS
EXPERTOS
VENDE TALENTO, INGRESA DINERO
RAIMON SAMSÓ

IMPERIO
DIGITAL
TRABAJA FELIZ VENDE ONLINE
RAIMON SAMSÓ

SERGIO FERNÁNDEZ Y RAIMON SAMSÓ
MISIÓN
EMPRENDER
LOS 70 HÁBITOS
DE LOS
EMPRENDEDORES
DE ÉXITO

Raimon Samsó
SUPER
COACHING
Para cambiar de vida

COACHING
PARA MILAGROS
RAIMON SAMSÓ

Raimon Samsó

EL COACH
MANUAL DE ILUMINACIÓN LOW COST
RAIMON SAMSÓ

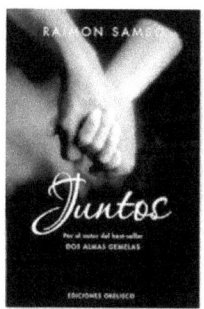

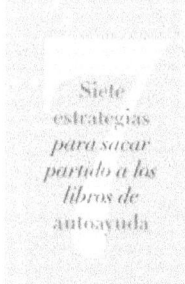

www.raimonsamso.com

TE PIDO UN FAVOR

Quisiera pedirte un favor, para que este libro llegue a más personas, y es que lo valores con tu opinión sincera en la plataforma donde lo hayas comprado.

He de delegar en los lectores el marketing del libro porque en este mismo momento ya estoy deseoso de empezar a escribir un nuevo libro para ti.

Bendiciones.

EDICIONES
INSTITUTO EXPERTOS